プロローグ

フェミニズムと言うと、「モテない女のヒガミだ」とか「よほど男にいど
んだろう」などという反応がかえってきたものだ。

私のフェミニズムの原点は母である。

私の母はきびしい人で、病気でベッドに寝たまま数年間、身動きできな
きでも二尺《にしゃく》ものさしを使って私をしつけた。「勉強しなさい」と言う一方で、「勉強ができて何になる。女らしくしないとおヨメのもらい手がないからね」と反対のことばで脅《おど》した。私は母のことばでがんじがらめにされた子ども時代を送った。

十八歳で東京に出て親元を離れてからも、私は母の見えない糸で支配されつづけていた。女であることが不自由で言いたいことも言えず、自分が自分でなかった。どうして私はこんなに苦しいんだろう、どうしてこんなに生きづらいんだろう、きっと私が人間として未熟だからなんだ、と苦しみつづけた。

苦しみから解放されたくて、自分なりに母との関係、男との関係、社会との関係を考え、分析に分析を重ねた。そして自分が、ひいては女性全員が置かれている差別的状況をフェミニズムの立場できちんと理屈づけられたとき、私は救われた。長い時間がかかった。

私を苦しめていた母も、その母から苦しめられていたことがわかった。母も祖母も、女性ということで、自分の生きたい人生を生きられないでいた。母たちは娘たちを支配することで、そのうっぷんを晴らしていたのだ。私が悪いわけではなかった、母が悪いわけでもなかった。

女性たちを縛りつけている抑圧の輪が見えたとき、私は母を許すことができたし、それまで、「どうして女の人はこうなんだろう」といぶかしく思っていたことも理解し、納得することができた。

この本は、私に大きな影響を与えた母との葛藤《かっとう》と、そこから解放されるまでの過程で発見したことを描いている。女性を苦しめているものは何か、それを抜本《ばっぽん》から解き明かしていくなかで浮かび上がってきたものは、女性全体を一人残らず支配し尽くしている〝構造としての女性差別〟である。

知ることはつらい。自分が差別されているなんて思いたくはない。だから逃げ出したくなるけれど、自分がどういう状況に置かれているのかわからない五里霧中《ごりむちゅう》のほうが、もっとつらい。まず知ること、それこそが、救われるための第一歩だと思う。

二〇〇五年十月

田嶋陽子

目次

第一章　気づいたときからフェミニストだった

第二章　女はドレイになるようにつくられる

第三章　小さく小さく女になあれ

第四章　ペニスなしでどこまで人を愛せるか

第五章　抑圧のファミリー・チェーンをどう断ち切るか

第六章　ただのフェミニズムを求めて

愛という名の支配

第一章　気づいたときからフェミニストだった

食わせてもらうことの屈辱が私の生きる原点

私は昭和十六年（一九四一年）生まれですから、太平洋戦争がはじまったその年に生まれて、終戦のときは四歳です。岡山で生まれましたが、父の転勤で生まれて六ヵ月で「満州」に連れていかれました。そこで父が兵隊にとられたので、母は私を連れて、内地の様子を見に日本に戻ってきました。それが昭和十八年ごろです。戦局があやしくなったということで日本にとどまることになり、母と私は、田嶋家の嫁と孫という立場から、はじめの数ヵ月は父の実家の世話になり、そのあとすぐ新潟の母の実家に移りました。要するに、父の実家でも母の実家でも居候《いそうろう》だったわけです。

母は、当時のごくふつうの既婚女性なので、手に職はなく、私たちは、親戚《しんせき》に養ってもらわなければならなかったのです。食わせてもらうということがどんなに屈辱的なことか、母と私は、それを疎開《そかい》先の体験から学ぶことになります。

父の実家にいたときのことで、ひとつ、忘れられない体験があります。親戚中がよりかたまって住んでいたところに、母と私は世話になったわけですが、食事のときになると、みんなのまえには魚が出てくるのに、居候である私たちのまえには魚がない。まだ幼くて事情のわからない私が、「お母ちゃん、あたしもおさかな」と言うと、母は、「黙ってごはんを食べなさい！」と言って、ぐずる私の横っつらをピシャーンと平手打ちする。そういうことがくり返し、食事のときに起こりました。

食事の差別というのはとてもつらいことですよね。母自身、それをとても悔《くや》しがって、くり返しくり返し、私にその話をしてくれました。私のなかにはその〝おさかな事件〟が、深く根をおろしている気がします。

すなわち、二つや三つのときに感じた、人に食べ物をねだらざるをえない状況、人に食わせてもらわざるをえない状況がどんなに屈辱的かということ。これは私の、生きるうえでのひとつの原点になっています。ですから、なにがあっても、だれに遠慮することなく、好きなだけ好きなものが食べられるようになりたい、そういう思いが子どものころからずうっと私のなかで生きていて、それが、自分で稼げるようになりたい、という思いにつながっていったのだと思います。

おしおきを我慢するのは〝ウスノロな子〟

もうひとつ、母の実家に疎開していたときに、いまでも気になる体験をしました。

当時は、戦中・戦後ですから、お葬式が頻繁《ひんぱん》にありました。〝焼き場〟が近くにあって、しょっちゅうお坊さんを見かけるものですから、私たち子どももお坊さんのまねをして、葬式ごっこをして遊びました。同じ年のいとこの女の子と二人で、おばあちゃんの腰巻きをもちだして肩からななめにかけて、「なんみょうほうれんげっきょ」って、村中をねり歩いたんです。そうしたら、さっそく通報されて、不謹慎にもほどがある、腰巻きかけて坊さんのまねなんぞして、というわけで、私たち二人ともこっぴどく叱《しか》られました。それで、罰はお灸《きゅう》だと言う。

そのとき、いとこの正子ちゃんは、以前にもそういう体験があったのかどうかわかりませんが、火をつけられるとすぐ、もぐさをパッと払いのけて逃げてしまいました。するとおばあちゃんも私の母も、正子ちゃんのことをすごくほめたんです。「すばしっこい子だね、正子は」って。

ところが、私は、おしおきなんだから、すえられなきゃいけないと思った。それで、熱いのをじっと我慢していたら、「おまえはウスノロだ」ってののしられました。私を正子ちゃんと比べて、「この子はからだばっかりでかくて、ウスノロでドンだ」って。そういう評価が、おばあちゃんと母とのあいだで決まったわけです。

私は、「お灸すえるって言うから、すえられなきゃいけないと思って、じっと我慢してたのに」と弁明したかった。でも、三つや四つの子には、それが言えない。どうして、払いのけた正子ちゃんがほめられて、じっと我慢しようとして努力した私がバカにされるのかわからなかったわけです。そのときの悔しさは、いまもってよみがえってきます。

イヤなものから逃げられない〝ドレイ根性〟

いまになると、お灸の事件がどういうことだったのか、とてもよくわかります。三つか四つかで、私はすでに〝ドレイ根性〟を植えつけられていたということ。正子ちゃんという、都会生活を知らずに、田舎でピョンピョン跳《と》びはねていた子どものほうが、身の危険をいち早く感じて、たとえおしおきであろうと、自分を傷つけるものはイヤだときっぱり拒絶できる力が、まだ残っていたということなんです。

当時、田舎ではみんな忙しくて、そんなに子どもなどかまっていられませんでした。ですから少なくとも、正子ちゃんのほうが、私よりまだ抑えつけられていなかった、〝ドレイ根性〟を植えつけられていなかった、そう言えるんじゃないでしょうか。

母は、ひじょうに気性が激しくて潔癖《けっぺき》な人でしたから、きっと、あれしちゃいけない、これしちゃいけないと、そういうかたちで三歳までの私をしつけたんだと思います。だから私は、そのときも、お母さんの言うことはなんでもきかなくちゃいけないと観念していた。お灸なんて、小さい子にとっては虐待《ぎゃくたい》なのに、それでもお母さんの言うことをきかなくちゃいけない、きけば、ほめられる、と。私は、三歳にしてすでに、そういう根性を植えつけられていたということです。

母が、「おまえをいい子にしたいからだよ」と言って、パーンと殴るときにも、私は、「すみません、私は悪い子だから、たくさん殴ってください」と、おしりを出して待っている。正子ちゃんのように、パッと逃げられなくなっている。そういうのが〝ドレイ根性〟のはじまりではないかと思います。

痛いものから逃げることができない。苦しい状況から逃げることができない。苦しい状況になると、みんな私が悪かったんだ、私がいたらなかったんだと自分だけを責めてしまうメンタリティ（心的傾向）が、そういうところからつくられていった。私がいい子になれば愛されるんだ、私がいい子になればこの人は私に笑顔を見せてくれるし、抱いてくれるし、おいしいごはんを食べさせてくれるんだと思ってしまう。

子どもというのは、いちばん〝ドレイ根性〟を植えつけられやすい状況にいます。まず、親に養われています。親にかわいがられなければ生きていけませんから、いやでも親の言うことはきかなければいけない。そうでないと、不良だとか、悪い子だとか、かわいくないとか、いろいろ烙印《らくいん》を押されてとてもつらい。よっぽど強い子でないと、それでもいいよ、というふうにはいきません。子どもは親から逃げられないしくみになっているんです。ですから、親はそこにつけこもうと思えば、いくらでもつけこめるということです。

寝たきりの母のしつけ道具は二尺ものさし

父親が戦争から帰ってくると、母親が脊椎《せきつい》カリエスになって、それ以後、カナマイシンという薬ができるまでの六年間、ずっと寝こむことになります。骨に結核菌がはいって起こる病気で、骨が溶けて流れでてくる。膿《うみ》が溜《た》まると障害が起きますから、お医者さんが注射器で膿を抜きます。抜いているうちにそこに穴があいて、小骨がボコボコ流れだしてきます。母は、いつ死んでもおかしくない状態にいました。

母は、自分が死ぬのを覚悟していましたから、私をひとりでも生きていけるようにするには、手に職をつけさせるのがいちばんだと考えていました。母自身も、疎開しているあいだに、洋裁学校へ行こうとしたり、いろいろやってみたりしたのですが、彼女に言わせれば、敵のなかに私ひとり残して出かけられなかったということで、挫《ざ》折《せつ》して、そのために自立できなかったことを悔やんでいました。手に職があればあんな屈辱をなめなくてすんだ、そういう思いがあって、それで、私には勉強させて、ひとりだちできる人間になってほしいというのが、母の悲願だったようです。

母自身は、ベッドに寝たきりになっていました。二十代の後半から三十代と言えば、人生のいちばんいい時期なのに、したいこともできない、母親らしいことも妻らしいこともできない。それどころか、あした死ぬかもしれない。そういうなかで私をひとりだちさせなくてはいけないのですから、母は、母なりにあせっていたのでしょう。

ベッドでは、石膏《せっこう》でできた箱型のコルセットみたいなもののなかに寝ていましたから、からだは動かせません。どういうことをするかというと、二尺ものさしをそばに置いておいて、それで私をピシッとやるわけです。私は、竹のものさしが届くところにいなくてはいけない。たたかれるとき、逃げてはいけない。もし逃げれば、母はカンカンにおこって熱を出したりして、からだにさわります。ですから、私は逃げてはいけなかったのです。

ヒスを起こした母が、教科書をまっぷたつに引き裂いて、窓の外に投げ捨てたりしたこともありました。当時の私には、教科書は言ってみれば、キリスト教徒のバイブルみたいに神聖なものでしたから、ひどくつらかったことを覚えています。私の心もまっぷたつに引き裂かれたのかもしれません。

また、母の病気が少しよくなって、家族でいっしょに旅行に行ったりすると、母は帰ってきてから私の一日を総括しました。おまえはあそこであういう歩き方をした、ああいう口のきき方をした、ああいうごはんの食べ方をした、あそこでは大声を出して騒いでいた……。こうして一挙手一投足に文句をつけられました。それをやられつづけていくと、私は自意識過剰になって、なにもできなくなる。なにかすることが怖くなるんです。母は、「おまえがかわいいから、りっぱな人に育ってほしいから叱るんだよ」と言います。でもそれは私にとって、ちょうど私の手や足を、木の枝のように一本一本折るようなものでした。

そのうちに、私は、だんだん自分の気持ちを自由に表現できなくなっていきました。自分のなかにいろいろなものを抑えこんでいったわけです。怒りを抑圧し、泣くとおこられましたから、悲しみを抑圧し、寂しさを抑圧しました。学校が終わっても、家に帰るのがイヤで、よく運動場のまんなかにひとりでポツンと立っていたものです。それは屋上のこともありました。家に帰ったら怖い。でも、どこに行ったらいいのかわからない。そういう感じでした。

抑圧の連鎖から生みだされる家庭版・いじめの構造

私の弟は、母に似て目のぱっちりした、かわいい男の子でした。母は、かわいい弟が自慢で、私の赤い着物を着せたりして、弟と私が入れかわればよかったのに、と言ったものです。私は、父と母の悪いところをとって生まれたとはいえ、二、三歳のころの写真を見るかぎり、かわいらしいふつうの女の子に見えます。ところが、小学校にはいったころから、すねてどんどん顔つきが悪くなったこともあって、「うちの家系にこういう顔はいない、こんな不器量な子は産んだおぼえがない」と言われました。不細工なうえに、からだは大きいし、言うことはきかないし、小憎らしいったらありゃしない、勉強なんかできたところでどうしようもないというふうに言われつづけて、もう、三重苦、四重苦というかんじで、私は自信をなくしていきました。

ですから、私の場合、親の愛というのは、〝いじめ〟と紙一重だったような気がしています。しつけの名に隠されたいじめ。当時、そんなふうに距離をおいてものごとを見ることはできませんでした。いじめだなんて夢にも思いませんでした。ただ母にかわいがられたい一心で、母が私を叱るのも、みんな自分が悪いからだと思っていました。でも、いまになってみると、母がなぜ私をあんなにいじめたのか、よくわかります。

しつけの名において、教育の名において、愛の名において、母親が子どもをいじめるというのは、母親自身の生き方の問題に大きくかかわっているということです。母親がどういう生き方をしているか、それが、みんな子どもにはね返ってくる。子どものためにしか生きることを許されていない人は、とても抑圧された人生を生きています。抑圧された人間は、うっかりしているとそれとは知らないで、自分よりもっと弱いものをひどい目にあわせることがあります。

母は、抑圧されっぱなしで出口ひとつない状況のなかにあって、やり場のない怒りと不満で心のなかが煮えたぎっていたんですね。その煮え湯をだれかにぶっかけたかった。だれかがそれで苦しむのを見たかった。それで溜飲《りゅういん》が下がるような気になったのではないでしょうか。もちろん、それはみんな無意識の領域からなされていることです。意識化されたら、その人は生き方のほうを変えるはずですから。

いじめの構造としてとらえれば、抑圧されている人、いじめられている人が、こんどは自分より弱いものをいじめるというような、学校で起きているのとおなじことが、家庭でも起きているということです。会社でイヤな思いをしてきたお父さんが、家に帰ってきて文句を言う。妻をなぐる、あるいは無視する。家計がどうのこうの、掃除がどうのこうのと文句を言う。すると、夫にいじめられたお母さんがこんどは、「あんた、なにやってんの、勉強したの」などと、子どもを叱りとばす。つぎに、その子は犬を蹴《け》とばす。犬がいなければ、学校に行って抵抗しそうもない子を選んでいじめる。そういう構造になるんですね。

子どものころ、私にとっていちばん怖かったのは母でした。母の言うとおりにしないと、たたかれます。たたかれた私が、こんどはだれをいじめるかというと、弟をいじめるわけです。

よく弟の子守をさせられました。弟をおぶって遊びに行くと、赤い着物を着ている弟のことを、みんなが「かわいいね、かわいいね」って言うから、おぶっている弟をそこにおろします。そして、みんなが弟と遊んでいるすきに、私は隠れます。弟が、私のいないことに気づいて、「ヨコちゃーん」と泣きはじめると、泣いている弟をものかげから見ていて、私も泣くんです。出ていくと、弟が喜んでとびついてくる。私は、それがうれしくてうれしくてしかたなかった。

そうやって、私にいじめられた弟は夜中になるとうなされて泣くんですね。そうすると、私は起こされて、父と母に、「おまえ、またいじめたな」って叱られて、家の外に放りだされる。雨の日など、だれか道行く人がいると、あとからついていきたくなったものです。ある時期、そういうことが、毎日、くり返されていました。昼間、家にいない父は、母と私とのあいだでなにが起きているのかわからないので、母といっしょになって私を叱ることになります。

弟は弟で、中学生くらいになると、母から、私をダシにしていじめられました。あまり勉強が好きでなかった弟は、「おまえは、ヨーコ姉ちゃんのように勉強しなくちゃだめだ、男のくせに勉強ができないでどうする」って、毎日、叱られていました。

ですから、いじめの構造というもの、すなわち、抑圧された人間といっしょにいると、弱い立場の人間がどんな目にあわされるかというのは、もう、子どものときにウンザリするほど見てきたわけです。

人に好かれることは人にあわせて〝自分〟を殺すこと

私をひとりだちできるように育てたい、という母の決意は正しかったと思います。でも、そのしつけ方が、私にとっては抑圧そのものだったと言えます。戦後で、おいしいお菓子もなにもありませんから、「これをあげるから」なんていう〝だまし〟がなにもないところで、そういうしつけをされていきました。〝だまし〟があったとすれば、「母さんがこんなに怒るのも、おまえがかわいいからなんだよ」ということでしょうか。でも、こちらはちっともかわいがられているとは感じませんでしたから、これは〝だまし〟と言えるかどうか。ただ、「かわいいからたたく」というこの矛盾したことばの組みあわせは、私のなかでずっとくすぶりつづけていくことになります。

もちろん、子どもの私は、「抑圧」などということばは知りませんでした。ただ、夢のなかでよくうなされて、そのとき、きまって地球が胸の上にのしかかってくる夢を見ました。

また、そのころ、〝ふくれる〟と言って、よく叱られました。実際、抑圧された人ほどすぐすねたり、ふくれたりします。親しい人間関係のなかでなにか起きたとき、ふつう、強い立場の人が自己主張をして、ものが言えなくなるのが弱い立場の人ですね。弱い立場の人は、相手に対して不満があっても言いたいことがあっても、怖くて言えないときに、ふくれたり、すねたりします。それから、泣きます。

私はそうやって、だんだんすねるようになりました。強い母のまえでは、〝もの言えばくちびる寒し〟ですから。ビンタがとんできますし、二尺ものさしが鳴りますから。すねると、顔つきがとても悪くなります。からだが大きくて、不器量で、すねてばかりいたら、もうどうしようもないというわけです。母がこんどはなんて言うかというと、「いくら勉強ができたって、人に好かれるようなかわいい子でないと、お嫁のもらい手がなくなるからね」と。

前述したお灸とおなじです。いい子になるためにとお灸をすえ、一方で、それを我慢していた私をのろまだと批判する。また、過剰なしつけに対して私は太刀打ちできないから、抗議のためにすねます。顔がみにくくゆがみます。すると、「ニコニコしていないと人に好かれない。いいお嫁さんになれない」と言われる。どうすりゃいいのさ、この私。そうでしょう？　これは、女性学の先生で、ライフ・アーティストの駒尺喜美《こまじゃくきみ》さんのことばを借りると、青信号と赤信号を同時に出されるのとまったくおなじ状況だということになります。

子どものころの私にとって、人に好かれるということは、笑いたくもないのに歯をむきだして笑うことであり、心では「ノー」と思っても、顔では「イエス」と言うことであり、相手の顔色をうかがうことであり、できるだけかわいがられるようにふるまうことであって、ありのままの自分であってはいけないこと、自分をかぎりなく人の色に染めていくこと、になっていきました。

ですから、私にとって人に愛されるということは、とても窮屈《きゅうくつ》なことであって、自分を小さく小さくそぎ落としていくこと、言い方を換えれば、自分を小さな檻《おり》のなかに閉じ込めることでしかなかったのです。〝愛される〟というように、〝される〟という受け身のことばを使うかぎり、私は、だれかに気に入られるように、自分を折りたたんでいくしかない。あるがままの私なんてなんの価値もない。でも、こうなると、あるがままの私というのはまるごと否定されているのだから、自分が何なのかだんだんわからなくなっていきます。

心の底からものを感じることができなくなり、自分の頭で考えることができなくなっていったのです。

自分をいじめる人から逃げられない心理

私はなんとかして母からのがれたかった。ですから、大学にはいって、親もとを離れて寮生活がはじまったときは、やっと自由になれたと思いました。それまではいっも、「どこに行ってはいけない。だれに会ってはいけない。家の手伝いをしてから勉強しなさい。いくら勉強ができたって、店の仕事も、家事も手伝えなくて、不器量で、人にかわいがられないような人間はだめだ」って、そういうことを言われっぱなしでしたから、自分の時間が思いっきりほしかった。とにかく早く家を出たかった。ひとりになりたかったのです。

大学にはいったときはうれしかったですね。でも、母から電話がくると、バケツ杯というほど泣くんです。そのときは、なぜそんなに泣くのかわからなかった。それは不思議なことでした。

人は、自分をいじめる人からのがれたいと思うと同時に、自分をいじめる人に対して自分の思いを伝えたい気持ちでいっぱいになるのです。なぜ自分をやさしく愛してくれないのか。なぜ自分の気持ちをわかってくれないのか。なぜ叱るまえに自分の言い分を聞いてくれないのか。こちらには伝えたい思いがいっぱいあるのに、親は聞いてくれない。「おまえが悪い」「おまえはやさしくない」「おまえはバカだ」といつもおなじセリフのくり返し。なんとか自分を理解してほしい。その思いがひとつの愛のかたちにもなりうるんですね。いじめというかたちで自分に対して払われた関心から解き放たれたときに、解放感と同時に、なんとも言えない切ない気持ちになるんです。おかしなものです。いちばんのがれたい相手でも、二十年近くいじめられていると、その支配でさえなつかしくなってしまうというわけです。

子どもにとって、母親はいちばん大事な人なのです。子どもは、そのいちばん大事な人にわかってもらいたくて、わかってもらいたくて、必死なんですね。でも、絶対にわかってもらえない。神様なんです、子どもにとって、母親は。

私は十代のころからキリスト教に興味をもち、二十代から三十代にかけて、キリスト教徒になろうかどうしようか悩んだことがあります。そのころの印象では、神様は、けっして答えてくれない。それに対して、人は、聖書を読みながら、どうやったら神様に愛されるだろうかって一生懸命になります。教えを守り、自分を変えようと努力し、自分の身を削り、自分をダルマにして、神様のごきげんをうかがう。神を慕い狂って、わかってほしい、わかってほしいって。でも、神様は黙ったまま。それなら、こちらから勝手に神様を理解させてもらうしかないのです。

なんだかそのキリスト教の神様と信者たらんとする人との関係は、母と私との関係に似ていました。母と私とのあいだにもまた、そういうものの縮図があるように思えたわけです。私にとっての母は、絶対者でした。愛という名において叱り、しつけ、いじめるのですから。でも、けっしてこちらの気持ちはわかってくれない。説明しようとすれば〝口答えするな〟と叱られ、だまれば〝ふくれる〟と怒られる。それでも人は、自分を叱ったり、殴ったりしてくれる人には愛があると思って、ついていく。逃げられない。依存心が見切りをつけさせない。とくに子どもは親を選べない。ついていかざるをえないのです。

よく道ばたで、母親が幼い子どもをひどく邪険《じゃけん》に叱っているのを見ることがあります。子どもは泣くのも忘れて、まっ青になって、必死で母親のスカートにしがみついている。あの光景に、なにかが隠されているんですよね。子どもは見捨てられるのが怖いので、自分を曲げてまで、必死に親の言うことをきこうとするわけです。

茶碗《ちゃわん》を洗いながら女であることを泣いていた母

家を出て、母とのあいだに距離ができて、私と母との関係をいろいろ考えられるようになったとき、しつけの名において私をいじめた母も、じつは私とおなじ苦しみをもっていたんだということに気づくことになります。

母も、やっぱり自分の母親（私の祖母）に憎しみを抱いていました。自分の父親（私の祖父）のほうが好きでした。理由をきくと、祖母がきびしかったからだと言います。祖父のほうがそれはそれはやさしくかわいがってくれたそうです。

でも母は、「自分が母親をきらったのはきびしかったからだ」と言いながら、それを自分の子どもである私に対する自分のきびしさと結びつけることができませんでした。たとえ結びつけられたにしても、内側からどうしようもない力があふれてきたのかもしれません。なぜなら、母自身、女であるというだけで、社会が女に期待する生き方しかさせてもらえなかったという、そういう悔しさをもっていたからです。

戦後、病気で寝たきりになった母は、父への面《つら》あてもあって、なにかと新潟の実家を自慢しました。地元ではいちばん大きくてりっぱな家だったとか、ひとが木綿を着ているとき、自分は銘仙《めいせん》を着せてもらったとか、実家の自慢をしては、「どうしてあたしだけこんな生活をしていなければならないんだろう」と自分の不遇を嘆いたものです。そんなにいい家だというのに、「なぜ教育を受けさせてもらえなかったのだろう」と不思議がり、親を恨んでもいました。

私の父と母は、近所中の評判になるくらい仲のいい夫婦でした。母は若いころ、縁談がまとまって結納までとりかわしていたのに、農家の人とはどうしても結婚したくないと言って逃げだしてしまったんです。逃げて、満州に行って、そこで父と出会って結婚しました。戦後、父は酒屋を仕事にして、発病した母の面倒を見ながら、私と弟を育てたわけです。

母はというと、病気で寝ていながら、ベッドのなかで女王様のようにいばっていました。「あした死ぬ、あした死ぬ」と言いながらいばっている、子どもの目にはそう見えました。父は、とてもやさしい人で、そういう母に魅力をも感じていたようです。だって、すごいですよね。きょうあすにも死ぬかもしれなくて、ぜんぶ面倒を見てもらっていながら、小さくならないでいばっているんですから。おそらく母は、自分のことでせいいっぱいだったんですね。苦痛と絶望にうちひしがれていたから、人生に怒り狂っていたんじゃないでしょうか。三十歳になったかならないかで死ぬことになるなんて、悔しくてしかたがなかったんだと思います。

たまに、からだの調子がよくなって小康《しょうこう》状態がつづくと、母は自分で起きてきてお化粧をし、台所にたちました。いまでも忘れられないのは、母が茶碗を洗いながら泣いていたことです。「どうしてお母さんだけが、朝昼晩、こうやって茶碗のおしり、なでてなきゃいけないの」と言って。

母親が泣くのを見るのは、子どもにとっては天地がひっくり返るくらい大変なことなんですね。いつもきびしく私をしつけている母が泣くなんて。それに、久しぶりに元気になったんだから、お茶碗を洗うのはお母さんの役目なのにって、私はそう思いました。本来、茶碗を洗わなくていいはずのお父さんが、いつも洗っているんだからって。でも、母は、「どうしてお母さんばかり」って言ったのです。

女には、首の鎖が長いか短いかの自由しかない

また母は、ちょっと体調がよくなるとすぐ、なにかしたがりました。もっと大きな

家を建てたいとか、あそこの土地が安いらしいから、そこを買ってああいう商売をしたいとか。でも、母があれしたい、これしたいと言ったところで、実際には、父がハンコを押さなければ、なにもできません。父は、大病の母をかかえているので、いつまた、母の病気が悪くなって大きな出費があるかわからないから心配だったんでしょう。なかなか〝うん〟とは言わない。

母にしてみれば、どんなに大事にしてもらっていても、いざ、自分がなにかしたいと思ってハンコが必要になったときに、父が「ノー」と言えばなにもできないことがとても悔しかったのでしょう。いまはどうか知りませんが、三十年まえ、四十年まえというのは、大事なハンコは、それこそ一家の長である父親だけのものでした。これが家父長制ですね。

母は、あれだけ夫に大事にされていても、ただ、あれしろこれしろと言われている女房に比べて、首の鎖の長さがちょっと長いだけのことであって、自分はやっぱり飼われている人間なんだということを、母なりに実感していたんだと思います。それで、母は、「ハンコひとつで殺される」と言ったものです。大げさな言い方かもしれませんが、たしかにだれがハンコをもっているかで女の人生が決まる、だれが主人かわかる、ということなんですね。夫であるがゆえに、ハンコひとつで、人のいのちの生殺《せいさつ》与奪《よだつ》の権が握れるということを、母はしっかり見てとっていたわけです。

それでも母は、父が死んでからも父には感謝しつづけていました。亡《な》くなってから三年間というもの、毎日、洗濯したシャツをハンガーにかけて、陰膳《かげぜん》をすえて、手を合わせていました。それでも、私がふざけて、生まれかわったら、また父と結婚したいかと聞くと、「ノー」という答えがかえってきました。父が亡くなったあとは、「男? 結婚? ノー」ですって。父にはあんなによくしてもらっていても、自分は結局、夫のてのひらの上の存在でしかなかったことを骨身にしみて感じていたんですね。自我の強い、気性の激しい人ですから、それとこれとはちがうことぐらいよくわかっているのだと思います。なぐりつける夫よりも、大事にしてくれる夫に出会って、ただ運がよかったにすぎないことを。

子どものころ耳にした、「どうしてお母さんだけが、朝昼晩、茶碗のおしり、なでていなきゃならないの」とか、「ハンコひとつで殺される」とか、そういった母のことばは私の心にグサーッと突きささっていて、それはそのまま、私が成長するにしたがって痛みを実感させられることになる世界につながっていきました。

それらの母のことばは一生忘れられませんね。母と私とは、いじめ・いじめられる関係でしたが、それでも女という立場で考えれば、私もやはり母とおなじ基盤に立っているんだなということをいつも思いださせてくれることばであり、また、自分がフェミニストとして生きるにあたって迷いそうになったり、弱気になったりしたとき、いつも心のなかで噛《か》みしめることばにもなっています。

疎開先の〝おさかな事件〟であじわった屈辱、そしてまた、そういった母のことばというのは、要するに、養われざるをえない状況に置かれた人間が感じる屈辱から生まれたものです。養ってもらうかわりに、茶碗のおしりをなでていなければならない。首の鎖が長いか短いかの白由しか女には許されていない。結婚することでしか女は生かされない。女は飼い殺しにされている。自分の人生を自分で選べない。選択権がない。自己決定権がない、ということなんですね。母がもらしたことばは、私の人生にいろいろな意味で警告をなげかけ、それだけでなく、問題提起をもしてくれたのです。

私は、母から苦しまぎれに足蹴《あしげ》にされた人間です。足蹴にされて傷ついた心を長い時間をかけて癒《いや》しながら、なぜ私が足蹴にされなければならなかったのか、その理由をずっと考えつづけてきました。この本は、それをどう考えてきたか、その中間報告と言っていいかもしれません。

第二章　女はドレイになるようにつくられる

〝お化け〟の女がしゃれた男を支える非国際都市

私はずっと都下の国分寺に住んでいたのですが、とても忙しくなってきたので、都心に引っ越しました。引っ越し先は新宿に近い東京のドまんなかで、いわゆる下町風のところもまだ残っていました。みんなけっこう親切で世話好きで、すぐにとなり近所の人たちとはむかしからの知りあいみたいになってしまって、「なーにが都会の孤独よ」と思いました。それに、商店街のおじさんたちがみんなそれぞれ個性的で、ちょっとおしゃれで、ひらけているし、よく、よその国からきた人たちが、下町こそいちばん国際化が進んでいるなんて言っていたことを思いだして、なるほど、と感心したりもしました。

ところが、ここに〝お化け〟がいた。たとえば、ハンコ屋さんに行って、おじさんといろいろ話をします。おじさんは、スーツを上手に着こなしたりして、なかなかスマートです。ところが、話の途中で用事を思いだしたのか、キッとうしろをふり向くと、とつぜんその笑顔がべつの顔になるときがある。その顔で、「オイ、あれはどこへ行った」と言う。すると、「ン?」とか「ハイ」とか言ったり、ときにはだまってヌウッと出てくる人がいる。それが私の言う〝お化け〟なんです。そうやって出てきた人は、だいたい、灰色っぽいか褐色っぽいかエンジっぽいか、そんな色の印象なんですね。くすんだ色の細かい花柄のかっぽう着などを着て、お化粧なんかしていませんから、顔も褐色で。

私は、おじさんのそれまでの紳士然としたにこやかな感じと、そのおじさんがうしろをふり向いて「オイ」と言ったときの表情と、その態度のとつぜんの変化にびっくりするだけでなくて、「ン?」と出てきた人から受ける印象とそのおじさんの雰囲気との落差にもびっくりしてしまうんです。

これは一軒だけではありません。たとえば、くだもの屋さんに行っておじさんがいないと、さいしょから〝その人〟が出てくる。もうあいさつなんかしない。「ナニ?」と目顔とアゴできいてくる。クリーニング屋へ行くと、そこはいつも女の人が客のまえに出て仕事を受けているらしい。でも、家事と店の両方をいっしょにやっているので、お客さんが来たときに、うらの顔とおもての顔の変換がスムーズにできないらしくて、おっかない顔のまま出てくる。そのうちに、レジをたたいたりして値段が出るころからやっと客相手の顔になって、「ありがとうございました」なんて言うようになる。そしてまた、客が帰るか帰らないかのうちに、そそくさとうらに戻っていく。

そういうときに私はいつも、「あァーあッ」って思ってしまうんです。「なにが国際化よ」って。下町が国際化しているなんていうのは男のおもて向きの顔だけ。ものを売ったり買ったりしているおもてにいる男たち、いわゆる主人と言われる人たちだけであって、その主人をかげで支えている、主婦と言われる人たちは、ぜんぜん国際化なんかしていない。相変らず不払いの家事労働をやっている。内の顔と外の顔を使いわける必要も感じないほど、社会とエンが切れている。そして、表情のない顔をしている。いや、たとえおじさんが国際化されていても、おばさんがしあわせそうな顔をしていても、二人の男と女の関係はまったく非国際的だということです。それどころか、「オイ!」「ン?」の関係は〝都会のなかのどイナカ〟だということです。ただ、ここで私の言う「イナカ」は、地方の田舎そのものを指しているわけではありません。私は田舎が大好きで、田舎にも住んでいますから。ただ世の中の変化に対応しない人の場合の比喩《ひゆ》として使っています。

国際化されているということは、個人を大事にすることだし、自分の考えを大事にすることだし、異質のものに対して理解と寛容性があることだし、それと拮抗《きっこう》しながら共存できることだと思うのですが、いわゆる主人と呼ばれる人たちの国際化はみんな、「ン？」と言って、ヌッと出てくる主婦によって支えられている、つまらなそうな顔をした褐色とエンジ色と灰色に支えられているということです。民主主義の国だと言われていた古代ギリシア市民国家も、その民主主義はじつはドレイたちによって支えられていたのとおなじように、近代的で国際的な紳士たちも、じつは不払い労働にあけくれる主婦たちに支えられて、はじめてそれが可能になっているということなんです。

男と女の関係がつくりだす〝都会のなかのどイナカ〟

このように考えると、いままで都市について論じられてきたものはインチキだなと思います。たとえば、都市というのは、過去や身分などをなくして平らにするところだとか、ひじょうに自由な場所だとか、上下関係がないところだとか言われてきたけれども、それは、少なくとも男を中心にしたモノの見方であり、男同士については言えることではあっても、かならずしも女について、また女と男の関係については言えないということです。しかも、私たち女もそういう意見に賛成するときには、男の目線でしかものを考えていません。

このあいだ、「都市と女性」という講演をたのまれました。私は、都市のほうが田舎より女性を解放してくれると言いました。たしかにこれまでは、田舎のほうが封建的で、家制度の名残で個人の自由を束縛されることが多く、女性がまっさきにその犠牲者になっていました。ですから、女性は都市にいたほうが、自分でお金も稼げるし、より解放されて自由になれると考えたのです。都市は女性の自立を可能にすると考えたわけです。

しかし、せっかく都市にきた女の人も、〝都会のどイナカ〟に引きずりこまれる可能性があります。それは働くことをやめて、夫に養われながら、子育てと家事労働に埋没《まいぼつ》するときです。そういう従来型の良妻賢母になったとき、その夫との関係で、女は〝どイナカ〟にされてしまう。男という都市を背後から支えていく、あるいは、男の国際化を背後から支えていく、支えながら本人は自分をなくして〝お化け〟になり、その〝お化け〟が男とつくる関係が、〝都会のどイナカ〟になっていくということです。

そしてまた、そういうどイナカをかかえている男は、やっぱりほんとうの〝都市〟ではない。都市の面《つら》をした、イナカの尾骶骨《びていこつ》をもった男なんです。相対的にいろいろ変わりはしても、〝お化け〟をひとり飼っておくような男は国際人ではないし、ましてや、〝お化け〟になろうと意図するような女は、どうあがいたって〝都市〟になれるはずがないのです。

それでは、私の家のまわりに見られるこの男と女の〝都会のどイナカ〟的関係は、たまたまここだけの話なのでしょうか。もちろん、そうではないのです。田舎に行けば、そこでの男と女の関係もまた、〝田舎のなかのどイナカ〟の関係になります。ロンドンでもおなじように、男と女の関係は〝都会のなかのどイナカ〟的な関係となります。世界中で男と女の関係が〝都会のなかのどイナカ〟だからこそ、その落差をなくそうとして、世界的規模で、国連もNGOもいっしょになって国際女性年（一九七五年）があり、世界女性会議（同年に第一回がメキシコシティで開催）があったわけです。

それなら、日本国憲法でも男女は平等だと言われていながら、なぜ男が〝都会〟で、女が〝どイナカ〟だと言えるような関係構造ができあがってしまったのでしょう。

女は養われているかぎり男に尊敬はされない

　私たちはよく、男と女は平等だと言います。憲法でもそう言っています。そして、よく「左右」と言い、「南北」と言うのとおなじように、「男女」と言います。このように並べられると、一見、右も左も、北も南も、男も女も、あたかも対等であるかのようにきこえます。でも、実際には、左と右は等価ではありません。「ぎっちょ＝左きき」ということばがありますが、これは社会では容認されていない手の使い方です。どの社会でもだいたい右が正しいとされているんですね。英語で、右はライト(right)。ライトにはまさに「正しい」という意味があります。

「南北」はどうでしょう。北の国の人たちは南の国にあこがれます。だからといって、南の国の人々を尊敬し対等に接しているとはかぎりません。タヒチに行った画家はいっぱいいます。南の国のことを書いた作家もいっぱいいます。南の国を描いた映画もいっぱいあります。でも、それは、北の国の人たちがロマンチックなイメージとして勝手につくった「南」というものを愛していたにすぎません。訪れはしても、そこで生きようとはしないし、そこの人たちとは交わろうともしないのがふつうです。彼らは、貧しい南の国を心のどこかで軽蔑《けいべつ》しているからです。

それはまた、男の女に対する態度とおなじです。男は女にロマンチックにあこがれます。美化しないと、恋愛なるものもできません。男は女を尊敬していないし、人格をもった人間として認めていないからです。

それは、なぜか。女は自立していないので、男より貧しくて、男に依存せざるをえない状況にあるからです。社会規範だって男を中心にしてつくられています。男が「右」で「正しく」て、それに照らして女は「左」で劣った存在と見なされています。「右」である男が外に出て働き、自分名義の給料をもらい、「左」と見なされる女はその男を助ける家事労働と子育てを不払いでやる。「男が外に、女は内に」を、役割分担だと世間では言いますが、これは会社などに見られる対等な関係における役割分担とは根本的にちがいます。女は家庭を守り、家事労働をしても支払われることがないので、結局、男に依存し、従属せざるをえなくなり、それによって女の社会的地位が下がって、女と男とのあいだに身分関係が生じてしまうのです。その結果、男は女の家事労働や育児に感謝はしますが、それをする女を尊敬はしません。女が育児と家事労働に終始すればするほど、女全体が女性蔑視の対象にされるということになります。

このあいだ、会田雄次《あいだゆうじ》さんの『アーロン収容所』（中公文庫）という本を読みました。第二次世界大戦後、アーロン収容所に捕虜としてとらわれた日本人の兵士たちがいちばん屈辱に感じたことは、作業として掃除をさせられたり洗濯をさせられたりすることです。屈辱だと感じた彼らは、腹を切りたいとさえ思います。

あるとき日本人の捕虜のN兵長がイギリス人将校の女性から、脱いだズロースを目のまえに差しだされて、「これを洗え」って言われます。N兵長はどうしたと思いますか?「洗ったるもんか。はしつまんで水につけて、そのまま干しといたわ。阿呆《あほう》があとでタバコくれよった」

アーロン収容所でのことでわかるように、少なくとも当時の男たちは、洗濯したり掃除したりすることにそれほどの屈辱を感じていたということです。なぜなら、そういった作業は自分たちより身分の低い女の仕事と考えていたからです。

男たちが、それほど屈辱に感じる掃除と洗濯と飯炊《めした》きを、女にだけやらせているかぎり、女を対等になど扱えるはずはありません。そうでしょう。男たちが、いちばんイヤで軽蔑していることを女にさせて、しかも、それを黙ってやっている女たちをバカにしないでいられるはずはないのです。

一方で、女たちは、朝昼晩、くる日もくる日もそれこそ女だからということで家庭でそれをやってきているんですから、いわば収容所にいるのとおなじ屈辱をなめさせられているはずです。

アーロン収容所のなかの男たちは、自由のない生活をしているうちに、みんな顔がなくなっていきます。だんだん捕虜の顔になっていく。日本の主婦を見てごらんなさい。いくらいいもの着ていたって、みんなおなじような顔をしてるじゃないですか。それは自分の個性を生きられない状況に置かれているからです。

黒人は綿摘みのため、女は子産みのためドレイになった

いまの女性が置かれている差別状況をわかりやすくするために、むかしむかしの大むかしの女と男との出会いをこんなふうに考えてみます。

ちょうど黒人がアメリカに連れてこられてドレイにされたのとおなじように、女も、女の国から男の国に連れてこられて男のドレイにされたのだと。なぜ女が男の国に連れてこられたかと言えば、子どもが産めたからです。黒人がドレイにされたのは綿摘

みのためですが、女が男のドレイにされたのは、子どもが産めたからなのです。

もしかしたら、むかしむかし、男は男だけで、女は女だけでべつべつに住んでいたのではないか（ギリシア神話のなかのアマゾネスは女だけで国をつくっていたというし、このアマゾン伝説は、インドなどほかの国にもあると言われています。実際に、いまでも中国には女だけで生活している部族がいるし、アフリカでは男だけで生活している人たちがいます）。そこでは、男は男同士、女は女同士で愛しあっていたのではないか。いまのことばで言えば、女たちはレズビアン、男たちはホモセクシュアルだったのではないか。

男は、子どもがほしくなると、女族のところへ夜這《よば》いに行く。生まれた子どもは、女の子なら女族のところに残し、男の子なら男族がもらっていく。そうやって男と女は、のんびりべつべつに暮らしていたとします。

女の国の女たちは、いのちを産むからいのちを大事にして、おそらく生活も農耕が主体で、あまり殺生《せっしょう》もしないで生きてきたのではないか。男の国に比べて金持ちではないけれども、平等で、暴力もなく、みんなゆるやかなサイクルでゆったり生活していたのではないかと考えます。

それなら、なぜべつべつに住んでいた女族と男族がいっしょに住むようになったのか。それは、男族が子どもをたくさん必要としだしたからです。

男たちのつくった父権制社会は、年功序列と位階制度と効率を中心とし、愛よりも暴力と脅《おど》しを核とした社会だったのではないか。男族は子どもを孕《はら》まないぶん、女より活動が自由で、稼ぎもたくさんあって蓄えができます。どんどん財産がたまります。すると、もっとほしくなる。そのためには、田畑を耕す人間や狩猟に出かける人間がもっと必要になります。これまで以上の労働力が必要になります。すると、もっと豊かな土地がほしくなります。そこで、陣地とり戦争がさかんになり、そのためにたくさんの兵士が必要になります。そうなると、蓄えた土地や財産を後世に残したい、自分の名まえを永遠に残したいと思うようになり、血統にこだわるようになり、血筋の確かな跡取り息子がほしくなるというわけです。

たくさんの労働者と兵士と子孫を増やすためには、効率よく子どもを手に入れる必要が生まれます。もうこれまでの夜這いではまにあわなくなります。女を手近に置いておいたほうが、なにかと便利だということに気づきます。そこから女の掠奪《りゃくだつ》がはじまります。いまで言う拉致《らち》です。

そして、産めよ増やせよ、地に満てよ、の思想が唱導されるようになり、キリスト教をはじめ、宗教から政治・文化とあらゆるものが、異性愛だけが正しいと主張しはじめます。子どもを産まない愛は不毛だ、女同士・男同士の愛は不毛だとして、レズビアンやホモセクシュアルの人たちを文化の周辺に追いやっていきます。それと同時に、子産みの道具としての女の囲いこみがはじまるのです。

その後、何千年も何万年もたって文化が発展するにつれて、じつに複雑な婚姻の儀式や形態ができあがるとしても、まあ、少なくとも女と男の最初の出会いは、こんなふうな掠奪からはじまったと、私は、想定してみます。そう考えると、現在、女性の置かれている状況がいろいろと説明しやすくなるからです。

さて、これは余談ですが、男が女を掠奪しに行くとき、どういう女がさらいやすいかと言うと、やっぱり自分たちより小柄で、体重の少ない、華奢《きゃしゃ》な女のほうが軽くてさらいやすい。そのうえ、ウエスト八十センチの女より五十八のほうが抱えやすいし、長さらいやすい。また、髪の毛は、短いよりできるだけ長いほうがいい。なぜなら、長いほうが逃げられても捕まえやすいし、相手がおとなしくなるまで髪の毛をもって引きずりまわしていたぶることもできるし、捕まえたあと、髪の毛をつかんで引きずって帰ることもできるからです。いまでも男の人が、小柄でほっそりした、髪の毛の長い女の人を見ると、胸のあたりがキュンとしたりするのも、この遠いむかしのえも言われぬ掠奪の快感が遺伝子のなかに記憶として組みこまれているせいかもしれませんね。

拉致された女たちは
ガレー船の船底で櫓を漕《こ》ぐドレイに

では、子どもが産めるという理由で、掠奪され拉致され、男の国に連れてこられた女たちは、そこでどんな扱いを受けることになるのでしょうか。

私は、女と男との関係を「ガレー船」にたとえて考えてみました。「ガレー船」は、ギリシア時代にはじまって、近世にいたるまでヨーロッパの海を走りまわっていたドレイ船です（「ガレー船」のガレー"galley"ということばは、現在でも使われています。たとえば、本をつくるときのたたき台になる校正刷りのことを英語ではガレー・プルーフスと言いますし、飛行機のなかの乗客用の食事を置いておく場所、すなわち機上の調理室もガレーと呼ばれています）。

このガレー船の甲板の上には王侯貴族や市民がいて、船底にはドレイがいます。そのドレイが船を漕いでいたので、ガレー船は「ドレイ船」と呼ばれてきました。

ドレイたちがオールをあやつり、船を漕いでいる船底には、まんなかに通路があって、その両側にベンチがあり、ドレイが三人ぐらいずつ並んで腰をかけています。足を鎖でつながれたドレイたちが三人ひと組で一本のオールをもちます。このドレイ船にはドレイ頭がいて、リズムキーパーと呼ばれています。彼は、船がまっすぐ前進するように音頭をとる人です。このリズムキーパーがたたく、ドンドコドーン、ドンドコドーン、という太鼓の音に合わせて、みんなが、エンヤコラ、エンヤコラと船を漕ぎます。

この「ガレー船」を漕いでいるドレイのなかには、生まれながらのドレイもいれば、戦争に負けて囚人にされたドレイもいました。囚人のなかには、かつては甲板の上で王侯貴族だった人もいます。

むかし、「ベン・ハー（Ben-Hur）」（一九五九年、アメリカ）という映画を見たことがあります。この映画では、ガレー船同士が戦います。たとえば、コリントの国とスパルタの国といったぐあいに。戦うのは甲板の上の男たちです。戦いに負けて生き残った男たちは、たとえ王侯貴族であろうと、生き残ったがゆえにドレイにされて、ガレー船の船底に追いやられます。かつての身分を思えば、鎖につながれて船を漕がされる屈辱感は大変なものです。彼らは船を漕ぎながら、「いまに見てろ。この船を乗っとって、故郷に凱旋《がいせん》してみせるから」と、歯をくいしばって屈辱と重労働に耐えます。

知恵をしぼり、全身これ神経にして甲板の上の様子をうかがい、復讐《ふくしゅう》の機会を狙《ねら》います。そして、ある日、甲板の上の征服者が飲めや歌えやの大騒ぎをしているすきに、囚人同士が一致団結して、甲板の上の王侯貴族や兵士を襲います。船を乗っとり、めでたく故郷に凱旋する、という展開になります。

このように、映画などで見た「ガレー船」の戦いは、男同士の戦いですが、私はこの関係を、男と女との関係に当てはめてみます。女の国の女たちは、男たちとの戦いに敗れて「ガレー船」の船底に閉じこめられ、鎖でしばられ、船を漕がされるドレイにされたということです。

女を逃がさないための
肉体的・精神的・社会的な束縛

それなら、こうして「ガレー船」の船底に閉じこめられた女たちは、男のドレイたちが自由のために団結して戦ったのとおなじように、女同士で団結して甲板の上の男たちと戦えたのでしょうか。

征服された初期のころは、女の国の女たちは、さらわれた仲間を奪いかえしにも行ったでしょうし、さらわれた女たちも、みんな団結して甲板の上の男たちに戦いをいどんだはずです。さらわれた当初は、体力・知力・武術・気概において、女にはそれが可能だったはずです。

ところが、女たちは子産みの道具としてガレー船の船底に閉じこめられたわけですから、自分たちの意志とは無関係にむりやり妊娠させられ、身重になれば、いくら頑強なからだと武術があっても、妊娠まえのようには戦えなくなります。戦ったにしても、負けて殺されるか、反逆者として以前よりもっとひどい扱いを受けることになります。

こうして、毎年、むりやり妊娠させられ、つぎつぎと子どもを産ませられているうちに、女たちの体力は衰え、歯も骨もボロボロになって、逃げることさえむずかしくなります。

それでも、自由を求めてあきらめない女たちがいました。母親があきらめても、その娘たちは自由な世界にあこがれました。かつて女の国で誇りたかくおおらかに生きてきた母たちの伝統を受け継ぐ娘たちは、屈辱的なドレイ状況にあまんじている母の姿を見るに見かねて、くり返し何度も逃亡を企てます。

そこで、男たちは、なんとかして女たちを逃がさないように、いろいろと工夫をこらします。まず、歩けないように女の足に細工することを考えます。アンデルセンの『赤い靴』のように女の足を切断してしまえばいちばんいいのですが、それではかえって足手まといになります。そこで、逃げられない程度に小さくしたのが、中国の纏《てん》足《そく》です。

さらに服装で女のからだを拘束します。キモノやスカートがそれにあたります。同時に、モラルでも女のからだや心を拘束します。〝処女崇拝〟や〝貞操〟の観念も、そこから生まれています。つぎに、結婚制度で女を拘束します。そのうえ、結婚制度に喜んで囲いこまれたがるメンタリティをもった女たちをつくります。それが「女らしさ」という社会規範です。こうして、女は男のドレイにされるべく、肉体的・精神的・社会的にありとあらゆる束縛をうけてがんじがらめにされていくのです。

女を分割して統治せよ、それが結婚制度

結婚制度は、ひとつには、男たちが女同士を分断するために考えだしたものです。女ばかりをいっしょにしておいたらなにが起こるかわかりません。団結して逃亡を企

てるかもしれません。そこで、女のからだを拘束しただけではまだ安心できない男たちは、植民地支配の鉄則のひとつ、「分割して統治せよ」で、主人一人にドレイ一人、男一人に女一人を割りあてたのです。これが美名に隠れた結婚制度の基本にある考え方です。女は、結婚して相手を〝主人〟と呼ぶかぎり、自分は男の子分であり、ドレイであるということです。このドレイ船を漕ぐ女たちを、私は〝主婦ドレイ〟と呼んでいます。

私のように結婚を拒否した女は〝逃亡ドレイ〟です。甲板の上でハイレグをはいたり、巨乳を強調したり、はだかに近い格好をしたりして、お色気で男を支配しているかのような女の子たちは〝快楽ドレイ〟です。男社会から見たら、どの女もドレイであることにかわりはないのです。若い女の子は、若さだけでちやほやされているので、結婚するまで自分たちがドレイであることには気づきません。気づいたところで、結婚しなければ女は食べていけないような社会をこれまで男たちがつくり上げてきたので、女はどうしようもなかったのです。

はっきり言って、いまの制度としての結婚は、法律をはじめ、さまざまな面で男よりも女に不利にできています。結婚制度とは、男が女ドレイを、あるいは子分を、終生、一人ずつもてるシステムですから、私は差別の制度化だと言っています。女は結婚すると、自分の名字を捨てて他人名義になります。自分の産んだ子どもにも自分の名字ではなく、夫の名字がつきます。朝昼晩、掃除して手入れをしている家も夫名義の家です。日本ではまだ夫婦別姓は認められていません。

結婚すると女は、家なし、名なし、子なしになります。女にとってこんなに不利な制度はありません。女はドレイ扱いされているのとおなじです。ドレイとは、「モノとして主人に役立てられる道具」であり、生殺与奪《せいさつよだつ》の権はいっさい主人が握っていて生かすも殺すも主人の自由ということです。

もし、ほんとうに男女が対等で、法律のうえでも平等だと言うなら、この結婚制度は民主的ではないし、憲法違反でさえあると思います。ただし結婚制度にはいった女の人は、男社会を助けますから、それなりに法律では守られていますが、でもそれは、人間としての自由の代償において、あくまでも男性に有利な制度の範囲内で守られているだけです。

一般に、結婚制度のある社会では、女性が自分のセクシュアリティを自由に生きられないようなしくみになっています。これまでの父権制社会では、個人よりも一族郎党を、夫婦よりも家を、女より男を、母よりも父を大切にしてきました。家制度を守るために、夫の血筋を絶やさないようなシステムがつくられました。父系制です。そのために、男は、女の腹のなかの子どもが自分の子どもであることを知っている必要があります。そこで、一人の女を所有し、独占する必要が生じました。女からすれば、父親がだれであろうと、腹の子どもは自分の子どもであることに変わりないのですが、自分で子どもを孕まない男はそうはいきません。その子どもがほんとうに自分の子どもかどうか知るためには、女性の性行為の相手を限定する必要があったのです。そのうえ、女性が性的な快楽を知ったら好きな相手を求める自由を欲するので、女性から性的自由を奪う必要があったのです。

女性に性的快楽を知らせないですませるために、むかしから、西欧など世界中のいろいろな国で、女の子のクリトリスを切除する施術《せじゅつ》が行われてきました。クリトリスは男性のペニスに相当する部分で、いちばん敏感なところです。

この施術は、一般にＦＧＭ（Female Genital Mutilation）と呼ばれていて、現在でもアフリカの国々で行われています。ナワル・エル・サーダウィという女性の精神科のお医者さんが書いた『０《ゼロ》度の女——死刑囚フィルダス』（三一書房）によると、エジプトでは女性の半数以上が、六歳のころクリトリス切除の手術を受けます。他の国では、ガラスの破片を使うので出血多量や感染症などで死ぬ女性もいると報告されています。さらにメンスの出血に必要なところだけ開けて、バギナを縫う国もあります。子どもが生まれるたびに縫ったりほどいたりをくり返すわけです。十分な医療施設もないところで行われるわけですから、苦痛や病気や感染症による女性の苦しみがどんなものか想像できると思います。

この話を聞いて、アフリカや中近東は野蛮だと言って驚く人がいるかもしれません。しかし、日本だって女性に処女信仰や貞淑の美徳を押しつけてきました。アフリカの場合は、肉体に直接、傷をつけるのでその残酷さが目立ちますが、「処女であれ」「貞淑であれ」というモラルをつくれば、バギナを縫ったりほどいたりしなくても、もっと巧妙に女性のからだを支配できます。そこで、この男社会では、結婚まえの女性は処女であることを求められ、既婚の女性は貞操を求められ、「操《みさお》は女のいのち」とまでうたわれた結果、結婚まえにうっかりからだを犯された女性や結婚後に夫以外の男性と性関係をもった女性は世間から非難され、自殺までするほどでした。ですから、日本だって、女性のからだをモノ扱いするという野蛮さにおいてはＦＧＭを行う国々となんら変わりがないのです。

恋愛が存続させた
結婚という搾取《さくしゅ》システム

結婚が制度としてあるかぎり、なまじ、「愛」はこの制度を温存させるのに役立つだけです。女の人は、このことをきちんと自覚しておいたほうがいい。私に言わせれば、恋愛結婚ができたからよけい困ったことになった、と言えます。私の祖母のころは、それまで顔も知らなかったような人と結婚させられたりしました。ですから、ドレイになり尽くしてはいたけれど、魂までは売らなかったのではないか。

ところが、恋愛して結婚すれば、女は愛の名のもとにただ尽くすだけですから、男社会にとってこんなに得なことはないわけです。それでも、女にすれば恋愛結婚のほうがずっとうれしいのです。少なくとも、好きな相手を選べる。おなじドレイになるなら、おなじ尽くすなら、好きな人に尽くしたい。ですから、恋愛結婚によって結婚が楽しみになったかわりに、より搾取されやすくなったという考え方も可能です。むかしは恋愛結婚と言えば、家や親にそむいて好きな相手を、ということで、けっこう反社会的なニュアンスが強かったし、そのために小説が書かれたり歌がよまれたりもしました。自分のセクシュアリティを生きるために、親や家族や社会に反旗をひるがえし、それゆえに自由と勇気が讃《たた》えられもしたわけですが、でも、その結果、結婚という制度にはいることで、〝飛んで火に入る夏の虫〟、制度の温存にはかえってそのほうが好都合だったというわけです。

おなじドレイ仕事を朝昼晩やるのでも、少なくとも好きな人のためにやるのだったら、楽しいかもしれません。しかも、ひと言でも「ああ、きみのつくった料理、おいしいね」なんて言ってもらえたら、それこそ喜んで、毎日、精を出してしまう。おなじドレイでいるなら、ラクして楽しいドレイでいたほうがいい。男も罪の意識を抱かなくてすむ。ですから、女がガレー船の船底にいるのであれば、ほんとうは恋愛結婚ほど男にとって得なものはないはずです。

もちろん、王侯貴族とドレイとのあいだにだって愛情はあります。人間と犬とのあいだにも愛は生まれます。愛は、どこにでも、どんな状況においても生まれます。それが人間のすばらしさです。ですから、逆に言えば、愛のあるなしだけでものを考えていると、ものの実体が見えにくくなるということです。男と女のあいだが非民主的な身分関係のままでは、愛とは支配の別名になりますし、男の甘えもまた支配の別名になります。男文化が男に仕事を、女に愛をふり分けたのは、結局、この結婚という搾取システムを存続させるためです。男社会に過剰適応した女たちもまた、おなじ女に対してそれが唯一《ゆいいつ》の女の生き方だとはやしたてます。これまで、それしか生きる道がなかったのですからしかたありませんが、そろそろ目をさましてもいいころです。

結婚とは、女の家事労働を無償化する制度

昔ばなしや説話を読むとよくわかりますが、むかしから女性は〝歩く財産源〟でした。女が人間を産んでくれるおかげで、労働力や兵士や、家などの跡継ぎができたし、それだけでなく、女は快楽の道具でもあり、それに加えて、女はとてもよく働きました。子育てのほかに、家事と称して、掃除、炊事、洗濯、看護、老人の世話、家計のやりくりから畑仕事、縫いもの、近所づきあいまで、ありとあらゆる重要な仕事を、タダでやってきました。

女の人の家事労働代は、国でも試算を出しています。一九九七年、当時の経済企画庁が出した家事労働代の試算は年平均二百七十六万円（月二十三万円）です。また介護労働の値段は月二十一万円です（一九九六年、経済企画庁の依頼で、八代尚宏《やしろなおひろ》上智大教

授がまとめた）。男社会は女にその代償を支払うシステムをつくっていません。そのかわり、「女は男に尽くすもの」という社会規範をつくって女の自己犠牲をよしとする教育をしてきました。その結果、一九八〇年に出された国連の統計では、女が全世界の労働の三分の二を担《にな》っていて、それに対して支払われている賃金はたったの一〇パーセント。そして、女の財産は、たったの一パーセントだということです。女はとても貧乏なのです。これが、女は家族のために自分を犠牲にして尽くすものだとしつけられた結果、出た数字です。

男はなにかといえば、「だれが養ってやってるんだ！」と言って怒ったりどなったりしますが、女が家のなかでやっている目に見えにくい細かな労働は、ふつうの男の人の月給では支払いきれない金額になっているのです。たしかに現金収入は夫のおかげかもしれませんが、夫が働けるように陰で夫を支えているのは女のタダ働きです。はっきり言って、女のほうが力のもちだしになっているということです。

たかが家事労働、されど家事労働。つぎの話はアメリカのフェミニスト、グローリア・スタイナムさんが考えたことです。

A家とB家があって、A氏とミセスA、B氏とミセスBがいます。両家とも、夫は給与所得者で妻は専業主婦です。あるとき、A氏がミセスBを家政婦として貸してほしいとB氏に言いました。家政婦の仕事を頼むには、一時間いくらでお金を支払わなくてはなりません。つぎに、B氏が、自分の奥さんが病気になったので、A氏に奥さんを貸してくださいと言い、お互いにそれぞれの妻を家政婦として借りっこしたんですね。それで、A氏はミセスBに、B氏はミセスAにお金を払いました。かりに五千円とします。

さて、この話はなにを意味するのでしょうか。五千円ずつただ行きかったように見えます。五千ひく五千はゼロでしょうか。それとも、夫が損をしたのでしょうか。そう考える人は、妻ではなく夫の側に立ってものを考えるくせがついている人ですね。

ミセスA、ミセスBは自分の夫のために家事をしても五千円もらえません。でも、たまたま頼まれて、ほかの男のために家事をしたら五千円もらえた。自分が働いたのだから、その五千円は夫にやらなくていいわけです。ちょっとまえまでは、女の人の働いたお金は、夫が取りあげてもよかった。でも、いまはちがいます。

ですから、五千円ひく五千円でゼロのようだけれど、もし夫婦別人格であるならば、女の人はおなじ労働を自分の夫のためにしてもタダですが、ほかの男のためにすればちゃんと収入になるということです。これは、売春でもおなじです。

タダ働きの家内労働に耐えられない〝個〟をもつ女たちの出現

貧しい国ほど性別役割分担がはっきりとしています。男役割・女役割をはっきりさせたほうが経済効率はいいし、しかも、女は愛に生きるもの、女は尽くすものと教えこんでおけば、女は喜んでタダ働きをします。子育てから家事から老人の世話から、すべてにわたってタダですみます。そうやって女の労働力を搾取すれば、男にとって、家にとって、国にとって、じつに得です。男がおおいに働いて日本がこれだけの経済大国になったのも、結局一家に一人、主婦という家内ドレイがいたからです。ひとりの人間としての女性の労働権は「男女雇用機会均等法」（一九八六年施行）ができるまで無視されつづけます。

いま、やっと個にめざめだした女性たちがいろいろなことで騒ぎだしたので、男たちもこの結婚制度の中身を少しずつですが改善しようとしています。人間はだれと住もうと勝手ですが、女に働く場を与えないで、女を家に閉じこめ、タダ働きをさせているかぎり、結婚はドレイ制度であり、「ガレー船」で見たように男と女との関係は、王侯貴族とドレイの関係に変わりはありません。

最近、夫婦別姓運動もさかんになってきましたが、女のしあわせは結婚することだと、さんざん言われつづけ、洗脳されつづけてきたので、いまのところ、まだ名字を変えるのがうれしいという女の人が多いようです。いつまでも自分の名字でいると恥ずかしいなどと言っている人もいるくらいです。考えてみると、名まえが変わるって、こわいことです。自分がちがう自分になることですから。

私の知っている主婦は、家を建てるとき、夫と二人の名義にしようとしたんです。いまは変わったかもしれませんが、一九九〇年ごろはまだ、銀行でそんなのだめだと言われました。ちゃんとしたお墨つきの自分名義の収入がなければ、それはできないって言われたんです。ですから、二人の名義で家をもちたくても、主婦をやっていて自分名義の収入がないと、世間は一人前の人間として認めてくれないということです。さきほども見たように、主婦の家庭内での労働は夫だけでは支払えないくらい多いものですが、男社会はそれを「女の役割」だと言いくるめてキチンと評価しないできました。それがこういう差別になってあらわれてくるわけです。

江戸時代の言い習わし〝女三界に家なし〟ではありませんが、相変わらず、家が夫名義で、子どもが夫名義で、自分まで夫名義のままだったら、女が、〝お化け〟にならないほうが不思議です。ですけど、ふつう、私たちはそれが女の生きる道だとか、世間一般がそうだからとか言ったり言われたりして、それを損だと思わないできました。損だと思えば、「私はだめな女だ」と罪の意識にかられます。ですから、自分がそんな屈辱的な状況にいることは忘れるようにして、安全な道を選びます。人間としての誇りを捨てても、そのほうがラクだと思っている人がほとんどです。ドレイ状況に甘んじながらできることと言えば、子どもの教育に没頭したり、不倫に熱中したり、カルチャーセンターに通ったりすることぐらいです。そうやって、女は自分をだましだまし、ここまでやってきたと思います。でも、近ごろ、女の人たちのなかには、もう、なにかそういうのに耐えられなくなってきた人たちが増えています。そういう気持ちを支えるような時代の風も世界中から吹いてきます。それでもまだ、女の人たちは踏ん切りをつけられないでいます。なかなか自分の人生を生きられないでいます。

「母性」は男社会が認めた唯一の女の権利

ガレー船の話を思いだしてください。船底にはリズムキーパーと呼ばれるドレイ頭がいました。船がまっすぐ前進するように音頭をとる人です。

男と女を満載したガレー船のリズムキーパーは、これまで、みんな口をそろえて、「女は家庭、女は母性」と言って太鼓をたたいてきました。このドレイ頭は、現代ならさしずめ一家のお姑《しゅうとめ》さんや、良妻賢母をとなえる女学校の校長先生や、また、女は家庭を守っているのがいちばんだと言ってきた評論家のセンセイなど、男文化の側にたって、女をよりよきドレイ状況に追いやる役目をしてきた人たちに匹敵します。私に言わせれば、こういう人たちは「父の娘」と呼べる人たちで、時代や風潮によってころころと主張を変えてきた人たちでもあります。

さて、「女は家庭、女は母性」と言われて、はじめはそれに反抗していた人でも、くる日もくる日も、「女は家庭、女は母性」と聞かされているうちに、だんだんそのリズムに慣れていって、自分が自由な人間、自由意志をもっている人間だということを忘れてしまいます。それ以外の世界があるなんて考えられなくなってしまいます。もし迷ったり悩んでいたりする人がいると、漕ぎ方がそろわず、船足がにぶるといってリズムキーパーから叱《しか》られるので、こんどはドレイ同士がお互いを監視しあうようになり、「やっぱり女のしあわせは、結婚して子どもを産むことよ」と言いあうようになります。

女は「母性」だけじゃないなどと言う人は、まわりから袋だたきにされ、親戚《しんせき》からもいじわるをされます。子どもを産まない主婦は、みんなからイヤミを言われて里に帰されてしまう。いまは少しずつちがってきましたが、それでもまだ子産みにもランクがあって、女だけ産んでいるのは下のランク。女は、自分も女なのに、女の子より男の子をほしがります。女を産んでも得にならないことを知っているからです。せいぜい家事を手伝ってくれてラクということでしょうか。男の子を産んで、その子が出世すれば、男の母親ということで、将来は、〝皇太后《こうたいごう》〟になって大事にしてもらえるかもしれない。でも、女の子を産んだところで、自分とおなじようにガレー船の船底に閉じこめられるのは目に見えているので、うまみがない。そこで、一人でも多く男の子を産みたいと必死になります。

女が男の国に連れてこられたのは、男にできないこと、すなわち子産みができたためです。兵士と労働力と子孫の生産のために、男が女を必要としたことはすでに述べました。

「母性」は、甲板の上にいる男たちが船底の女たちに容認した唯一の権利であり、また、男社会が女に与えた唯一の権力でもあったということです。女がほかの権利や権力を主張したら、かならず頭をたたかれました。逆から言えば、男社会に連れてこられた女たちは、「母性」にすがって自己の存在価値を主張する以外、なにも存在理由がなかったのです。女たちがこれまで「母性」にすがりついてきたのもそのせいです。ですから、いわゆるカッコつき「母性」というのは、制度化された女の権力と言えます。その範囲でなら女は十二分に力を発揮せよと、男社会からお墨つきをもらっているんですね。そこに女の力がすべて押しこめられてしまったとも言えます。その弊害は、ちょうど母と私との関係で見たようなかたちであらわれることになります。

女と男との関係は、いまだに前近代のドレイ制

私たちは、民主主義を勝ちとってきたはずです。それから、近代も勝ちとってきたことになっています。それはみんな、中学・高校の歴史で習いました。イギリスでもフランスでも早々と市民革命があって、人間は自由・平等になったはずです。でも、フランス革命のときのスローガン「自由・平等・博愛」の、あの博愛が“brotherhood”(兄弟愛)であるように、「自由・平等・博愛」も男同士の友愛であって、そこに女ははいっていませんでした。そんなこととは知らない女たちは、革命が成功すれば自分

たちも自由になれるとばかり、一生懸命に戦いました。しかし、戦いが終わると、女たちはまた甲板の下に降ろされてしまいました。女は必要なときにはいつでも甲板の上にあげられますが、いらなくなると、すぐ船底に追いやられます。第二次世界大戦後もそうでした。

あいかわらず、男は「王侯貴族」で、女は「ドレイ」です。「市民」と「ドレイ」という関係は、あきらかに身分関係です。身分関係は、封建制度が終わって、「近代」の訪れとともに終わったはずなのに、こうして見ると、まだ男と女とのあいだには身分関係が残っているということです。結局のところ、女に「近代」はなかったのです。いままでの自由・平等のための戦いは、甲板の上の男同士の戦いであり男同士の自由平等を求めての闘いだったということです。

桃太郎とキジの関係にたとえて言えば、子分のキジが親分に、きびだんごを一つではなくて二つよこせと主張したのが、近代の戦いでもあったわけです。でも、桃太郎と桃太郎夫人との関係、キジとキジ夫人との関係は、むかしもいまもなんにも変わってはいないのです。

たとえば、組合の委員長というのは、社長に対して社員の代表として、自分たちが働いて生まれた利益を公平に分配してほしいと主張して闘う組織のリーダーですよね。

ですけど、その組合の委員長にだって、家にはちゃんと不払いの家事労働をしてくれる主婦ドレイがいるわけです。家庭を無視して外で十二分に活躍して、家に帰ってそのストレスやうっぷんを妻にはらして、「おい、酒もってこい」とかどなり散らしていばっている委員長もいると聞きます。

そういう男の人たちは、外では民主化だとか自由平等だとか、「万国の労働者よ、団結せよ」だとか言ってきました。でも、それはみんな男向けのことばです。彼らの視界には、女の人権や労働権などははいっていません。家に帰ると、それこそ彼らが罵倒《ばとう》していたはずの、かつての資本家が労働者に対してやっていたのとおなじようなことを、妻にやってきたわけです。不払いの家事労働・育児・雑事をいっさい押しつけて、妻を搾取してきたのです。外で人権をとなえても、家庭での妻の人権は無視しっぱなしだったということです。たしかにそれは男社会の文化であり制度であって、男の目には見えにくかったことでしょう。

実際、日本国憲法も男女平等だとは言っています。でも、女だけが家事労働を引き受け、主婦ドレイをやっているかぎり、たとえ選挙権はあっても、実態は男女平等とはほど遠いということです。これをダブル・スタンダード（二重規範）と言います。いくら憲法で男女平等を保障しても、文化が、風習が、モラルが、男女の性別役割分業を当然としているかぎり、それは絵にかいたモチとおなじです。あきれたことに、日本は法律上、夫婦は別産制なのです。男が稼いだものは男のもので、それを助けた女には分配しなくていいのです。

ドレイ制度というのは近代では終わったはずなのに、それが女と男との関係にはまだ残っていて、女は、結婚すると、仕事を捨てて主婦になり、みずから〝奥さん〟という美名のもとに不払いの主婦ドレイに埋没していく。そういった現実をよく見きわめるべきだと思います。夫が「近代」をやっていると、女のなかには妻の自分も「近代」をやっているような錯覚を起こしてしまう人もいるけれど、妻と夫とは別人格だということです。その「近代」をやっている男が妻というドレイをかかえていることを、しっかり認識すべきです。

第三章　小さく小さく女になあれ

「男らしさ」は自立した人間、「女らしさ」は男に尽くす人間

女たちは、だれもが結婚にあこがれたことがあります。「結婚こそ、女のしあわせ」だと、リズムキーパーに言われつづけてきたからです。結婚すれば、女はただ女だというだけで、能力や性格とは無関係に、ドレイ船の船底に入っていく構造ができていることなど、ほとんどの人は知りません。知っていれば、だれでも甲板の上にいたいと思うに決まっています。ただ、どういうわけか、そういうことはいっさい知らされずに、気がついたときはすでにドレイ船の船底に入れられていて、男が上に、女が下にと、ちゃんと区分けまでされているわけです。

なぜそういうことになるのかというと、それにはちゃんと文化的なしかけがあって、女は放っておいても、しぜんと船底に入って「女は家庭、女は母性」と言いながらオ

ールを漕《こ》ぐようになるし、男は放っておいても、〝男は女よりエライ〟と思いこみ、自分を主人にし、女を家来にしてしまうのです。人は、男が上で女が男の下にくるのを「自然」だと言います。なにが、そういう「自然」をつくりだしているのか。そのしかけは、男の子を「男の子らしく」、女の子を「女の子らしく」育てることにあります。「男らしさ」「女らしさ」で子育てすれば、放っておいても男は甲板の上の貴族に、女は船底のドレイにならざるをえないような文化的な企《たくら》みがあるからです。

第二章で見たように、右と左とが、北と南とが等価でないのとおなじように、「男らしさ」と「女らしさ」も等価ではありません。私たちは男は「男らしく」、女は「女らしく」育てられるのが当然だと思わせられてきましたが、じつはここには大きな落とし穴があったのです。

講演などで集まってくれたかたに、「男らしさ」「女らしさ」から連想されるプラス・イメージとマイナス・イメージのことばをあげてもらうと、だいたいつぎのようなものが並びます。

◉「男らしさ」

☆プラス・イメージ——力強い、たくましい、大胆、りりしい、野心、夢、自由、冒険、判断力、決断力、行動力、実行力、経済力、リーダーシップ、視野が広い、責任感、知識、やさしい、ロマン、冷静、理性、あまり泣かない、包容力……
☆マイナス・イメージ——身勝手、いばる、どなる、ワンマン、暴力、乱暴、頑固、無口……

◉「女らしさ」
☆プラス・イメージ——やさしい、従順、愛嬌《あいきょう》、かわいい、おとなしい、素直、忍耐、上品、きれい、華奢《きゃしゃ》、美しい、細かい、清潔、ひかえめ、気配り、明るい、色っぽい、芯《しん》が強い、柔らかい、料理、洗濯……
☆マイナス・イメージ——ヒステリー、泣き虫、おしゃべり、感情的、わがまま、浅はか、いじわる、視野が狭い、社会性がない……

男に期待されている「男らしさ」の資質を見ると、「自由、夢、決断力、行動力、リーダーシップ、責任感、経済力……」と、それこそ自立したひとりの人間が何かを成し遂げるのに必要なものがすべてこめられています。これらを身につけたら、まさに夢にあふれる独立自尊の王侯貴族にふさわしい人間になります。めいっぱい自由で自分らしい人生を生きられる資質です。

一方、「女らしさ」を見ると、ひとりの独立した人間になるために必要な資質というより、人に気に入られたり、人のお世話をしたり、すぐだれかの役に立ったり、人間関係を円滑にしたりするために必要な、だれかにとって便利な資質という気がします。「女らしさ」のなかにある「気配り」「やさしい」「料理」「洗濯」といった要素は、男も女もひとりの人間として自立するためにみんな必要な要素ですが、それが女にだけ求められているというのは、女が、「人のために、男のために、家族のために尽くすものだ」と決めつけられているのとおなじなのです。

「男らしさ」を生きることは、夢を生きることであり、人格をもったひとりの人間になることですが、「女らしく」なることは、「従順」や「ひかえめ」ということばを見てもわかるとおり、だれか相手がいてのことです。ひとりの人間としてどう生きるかどう成長するかではなく、相手をどうサポートするかということです。一生、男の補佐役と決められてしまうことでもあります。

すなわち、女の子を「女らしく」してしまうことは、女の子が本来もっている人間としての力を押さえつけて骨ぬきにしてしまうこと、抑圧して去勢してしまうことなんです。一人の人間として成長しようとしても、中途半端《はんぱ》で終り、それゆえに半病人になってしまうことさえあるということです。

アメリカでは一時期、女の人は暴力をふるうと、「女らしく」ない、病気だ、と言われて精神病院に入れられました。「女らしく」なることこそ、じつは狭窄衣《きょうさくい》を着せられたのと同じことで、人間としては「不自然」で病的状況を生きることでもあるというのに。

「男らしい」男と「女らしい」女が生みだす悲劇

「男らしさ」も「女らしさ」も、なにがプラスでなにがマイナスかについては、微妙なところがあります。たとえば、男の「ワンマン」や「頑固さ」が好き、という女の人もいるでしょうし、女の「泣き虫」を、女らしいとプラス・イメージでとらえる人と、いやらしいとマイナス・イメージでとらえる人とがいるでしょう。が、このような好みの問題はさておくとして、一般に、「従順」で「素直」で「ひかえめ」で「おとなしく」て「華奢」な女は、どう見ても、「ワンマン」で「決断力」も「指導力」も「行動力」も「経済力」も、そのうえ「腕力」もある男にはかないません。精神的にも肉体的にも負けてしまいます。「女らしい」女は、「男らしい」男に手も足も出ません。「オレについてこい」などと言われなくても、ついていってしまいます。心もからだも男より弱くなるように文化的操作を受けた女は、男に対して自分の主張をとおしたければ、甘えるか、すねるか、泣くか、いずれにしろ子どものするように相手の愛情に訴えるしか方法がありません。あとは、美しさや性的魅力で相手を誘惑するか、です。たとえそれで相手が言うことをきいたにしても、そんな女と男との関係では対等なつきあいはできないということです。ケンカしても勝てないから、泣いたり、ヒステリーを起こして抗議する以外なくなります。男の経済力や腕力や大胆さのまえでは、ふつう、女は手も足も出ないようにしつけられてしまうからです。「女らしく」育った女は、「男らしく」育った男に完全に支配されてしまうのです。

しかし、「女らしさ」のプラス・イメージを身につけた女性と、「男らしさ」のプラス・イメージを身につけた男性とがいっしょになると、男も女もしあわせかもしれません。力もちでやさしい男性のもとで、女の人は守られているしあわせを感じるでしょう。男にはさからわず、男をほめ、男を立て、何か要求があるときは猫なで声で甘えたり、涙を見せるすべを知っているからです。そういう女の人は「差別」を言いたてる女たちを我慢の足りない「バカ女」だと思っています。

一方、「女らしさ」のプラス・イメージを生きている女性と、「男らしさ」のマイナス・イメージを生きている男性とがいっしょになると、これは悲劇です。男の人は女の人の献身を当然のこととして受けとり、もっと尽くせ、もっと尽くせと、女のやさしさをむさぼり食らいます。気に入らなければ、殴る、蹴《け》る。家にはお金を入れない。「女らしい」女の人は、そういう夫を見るにつけ、自分の尽くし方がまだ足りないのかと、尽くしに尽くして、「夕鶴《ゆうづる》」のおつうになってしまいます。それでも女は、まだ尽くし足りないのではないか、自分が悪いのではないかと、罪の意識におののき、反省を重ね、完璧《かんぺき》主義に身を削ることになるのです。

「男らしさ」「女らしさ」は男と女が二人で一セットになることを想定してつくられた期待像です。男の側からつくられた社会規範ですから男の人により有利なようにつくられています。

「女らしさ」のマイナス・イメージは、女が「女らしく」なることで健全な人間性が抑圧された結果、生まれる行動や気持ちのもち方です。「女らしく」生きることは成長に歯止めをかけることです。一方、「男らしさ」のマイナス・イメージは、ここにあげたものを見ただけでもよくわかりますが、話し合いよりも暴力を好み、戦争をよしとし、戦争をひき起こす資質でもあります。

ですから、これから女の人は「男らしさ」のプラス面を、男の人は「女らしさ」のなかの、人の世話をしたり、面倒を見たり、といった細やかな生活自立の面を学んで、二人で一人になる補完的な関係から、一人一人が自立した人間になれる資質をとり戻すべきだと思います。

世間や家庭が女を生まれながらに「女らしく」育てあげる

「男らしさ」にあって、「女らしさ」にないもの、それは「自分」です。学生が言っていました。男の学生は、「男らしさ」と「自分らしさ」とが重なると。女の学生は、「女らしさ」を生きることと「自分らしさ」を生きることとが重ならないと。

女の人たちは完全にロボットにされたわけではないし、またなれるわけでもないので、自分本来の気持ちと、「女はこうあるべきだ」と外から期待される「女らしさ」の社会規範とに引き裂かれて苦しむことがよくあります。多くの女の人が、なかなかパッとものごとを決められなかったり、優柔不断だったりするのも、ひとつにはそのせいです。自分を生ききれないストレスは、症状となってからだにあらわれます。たくさんの女の人が神経症的で便秘がちで、腰痛や肩こりに苦しんでいるのも、ひとつにはそのせいなのです。

小学校のころのことを思いだしてみると、女の子もとても優秀だったはずです。でも、私が言いたいのは、男のほうが優秀だとか、女のほうが優秀だとか、そんなことではありません。もう、女の子であろうと男の子であろうと、できる子はできる、できない子はできない。それぞれ得手《えて》・不得手《ふえて》があるのだから、それは当然です。

ただ、男の子は、小・中学校のときにデキの悪かった子でも、いま会えば、どこかの社長だとか部長だとか言っていばっています。それなのに、高校生のとき、文部大臣賞をもらった習字のうまい女の子や、市展で金賞をもらった絵のうまい女の子、やけに数学ができた女の子、私が天才だと思っていた女の子たちが、いま、なにをやっているかと言えば、ただの主婦になって、三人の受験生の尻《しり》をたたいているではないですか。どうなったんでしょう、あの才能は。人は、七十歳からでも画家になれると言いますが、でも、途中からより最初からなって、美術をとおして新しい世界を見せてほしかった。自分を生ききることで世間に名を馳《は》せてほしかった、そう思います。

男の人は、才能のあるなしにかかわらず、ただ「男」というだけで無理やりあおられ、そのおかげでみんなそれなりに一人前の社会人になっています。女の人もそれなりに能力があるわけですから、子どものころから男の子とおなじように期待されれば十分がんばれるのだけれど、まず親からして「女の子だから」とか「あんまりキャリアをつんでも男の人から敬遠されるから」とか言って社会的成功は期待しません。はじめから女の子の能力を伸ばすことなど考えてもいないのです。要するに、教師も社会も女を結婚させて男の子分にすること以外、なにも期待していないということです。人はちゃんと期待されているかいないかで、能力の出し方がちがってきます。

このあいだ、保母さんをやっている友だちからおもしろい話を聞きました。二歳になるかならないかの男の子と女の子がおもちゃの馬に乗る遊びをしているのを見ていたら、馬に乗ろうとする女の子に男の子が「女の子は見ているもんだよ」と言ったんだそうです。二歳になるかならない子どもでも、男が行動し、女は手をたたいて見ている側の人間だということを、つまり人生の傍観者だということを、テレビなどからもうちゃんと学習しているのです。

よく、女は生まれながらにしてやさしいとか、細かいことが得意だとか言われますが、あれはウソです。個人差はべつにしても、あれは学習の効果です。子どもは目が見えはじめるとすぐ、生後数ヵ月のころから学習をはじめています。たとえば、母親のうしろ姿を見て、髪の毛の長いあの人は、いつも台所でうしろを向いてトントンやっているとか、髪の短い、あのにおいのする人は、いつもかばんをもって外へ出ていくとかいうふうに。また、テレビから保育園から近所の人たちから、いろんな情報を取り入れて、自分は女の子だからこうするものだ、自分は男の子だからこうするものだ、と子どもは毎日学んでいるんです。

〝三つ子の魂百まで〟で、子どもたちは三歳ごろまでに、いまの世の中の女と男の性別役割分業をすっかり学習しているのです。生まれながらにして、というより、両親がどういう生活をしているか、また、そのときの社会が子どもになにを期待しているかが、子どものあり方に大きく影響しているということです。

これは私の体験ですが、中学校の先生はこう言ったのです。「いやあ、女はいくら勉強できたってね、メンスがはじまればもうダメですよ」と。保護者会で親がそう言われて帰ってきたんです。私はただでさえ劣等感に苦しめられ、自信がなかったので、先がないって感じで、死にたくなったことを覚えています。

女の子も期待されれば、男の子とおなじように、あるいはそれ以上に伸びていけます。そのひとつの例は、かの有名なハーバードのビジネス・スクールを出て社会で成功している女性の多くは、男の兄弟がいなかったので父親から息子を育てるように育てられた人たちだということです（アン・ジャーディム、マーガレット・ヘニッグ著、税所百合子訳『キャリア・ウーマン』サイマル出版会、参照）。またオリンピックに出る女性スポーツ選手や女性プロゴルファーたちを見ればわかります。元選手だった父親の指導でりっぱな選手に育っています。

こうして見ると、女の子として育てられるか、男の子として育てられるかによって、人生の出発点からとても大きな差がつくことになります。出産のために仕事を辞めてあとでパートに出た女性と、一生フルタイムで働きつづけた大卒女性との生涯所得の差は二億四千万円になるとの試算が内閣府から出ました。それはまた年をとってからの年金の差にさえなってはねかえってきます。はじめから働いていれば月十五、六万円もらえたかもしれないのに、途中から働きだした人は五万円だけとか、働いた年数によって大きく変わります。夫に頼っていたばかりに自分の持ち家も仕事もなく、国民年金だけでの女の老後は大変です。夫を亡くして子どもに頼らなければならなくなった女の人は、とくに気の毒です。子どもの生活も豊かではないですから、気ままに生きていいはずの老後になってから、気兼ねしたり邪魔にされたりして、いろいろと気苦労が重なってついにはストレスからボケてしまうなんてことにもなりかねないからです。

去勢され、小さく小さく〝女〟になる

〝女らしく〟生きると、自分の人生がいかに不自由になるかということを、私は、子ども時代の体験から身にしみて感じています。女らしくするということは、「ハイッ、ハイッ」って人の言うことを素直にきいて、よく気がついて、自分のことは謙遜《けんそん》して、あれも知らないこれも不得意だと言いつのり、相手を立て、できるだけ自己主張をしないで、言ってみれば、自分を小さく小さく見せることです。

自己主張をするにしても、「女らしくない」とか「あいつ、ヘン」とか言われるのが怖いので、「こうしたらどう言われるかしら」「ああ言えば笑われるかしら」とまわりの人たちの気持ちばかり思いわずらって、なかなか自分の意見を言えません。逆に、思ったとおり正直に「それはおかしい」と言ってしまうと、あとから、「やっぱり、あんなこと言わなければよかった」と過剰に反省して苦しみます。自己主張ひとつするのに死ぬ思いをします。ますます神経を切り刻まれ、自分が自分でなくなっていくのです。

そうやって、一生懸命、〝女らしく〟育ちあがると、当然のことながら、集中力も積極性もなくなります。そんな状態で会社へはいれば、女は仕事ができないと言われます。要するに、女らしくしていれば仕事ができないから、「だから、女はダメだ」と言われ、かたやバリバリ仕事をすれば嫉妬《しっと》まじりに、女らしくないと言われるのです。どっちを向いてもオーケーが出ない。これを女性学では〝ダブル・バインド（二重の束縛）〟と言います。

しかも、女は勉強したところで、手に職をつけたところで、結婚してしまえば家族優先の人生になりがちで、なかなかそれを生かせません。世間から「女のしあわせは結婚」と決められ、夢をもったところでそれを実現するチャンスもないまま、結婚しか残されていないなら、いっそのことといい男をつかまえるために化粧やファッションに時間をかけたほうがいい〟ということにまでなるわけです。こうして女らしくなることで、だんだん自由を失って、ついには夢とも野心とも無関係な、ただモノを買って楽しむ消費生活だけが生きがいの青春を送るようになっていきます。

ハイヒールは女性抑圧のシンボル、形を変えた纏足《てんそく》

先にたとえで見たように、女たちは男たちが主導権を握るガレー船に連れてこられると、家事ドレイと快楽ドレイにされてしまいます。男たちは、女ドレイたちを逃がさないように、まず、女の下半身から物理的に束縛していきます。両足にはじまり、しだいに、脚、子宮、ウエストと、だんだんからだの上にあがっていって、最後は、頭にモラルや思想を吹きこんで洗脳し、男文化の価値観をよしとする優等生に仕立てあげようとします。つまり、「女らしい」女になるように日常生活でも学校でもテレビのなかからでも教育します。

むかしから、ハイヒールは「女らしさ」を象徴するものとしてありました。私も若いころ、「女」をやらなくちゃ、とハイヒールを履きました。「女」をやらないと母や近所のおばさんにほめてもらえないし、なにしろ男の人にもてないと思いこみました。世間からも「女らしくなったねェ」とほめてもらいたかったのです。社会的に認知されないというのは、とてもつらいことだからです。でも、私は自分の足に

合わないハイヒールを履いたことで腰を痛め、それこそセクハラにもあって気持ちを痛め、とてもつらい思いをしました。

「夜道には気をつけなさい」と言っておきながら、一方で、なぜ世間は、女がハイヒールやスカートをはくと、「女らしい」と言って喜ぶのか。

ハイヒールを履いていては襲われても逃げられません。ハイヒールは靴底の着地点が小さいので、ひじょうに不安定だし、履いたままでは速く走れないからです。また、足を小さく格好よく見せるために靴の先をとがらせているので、足指が圧迫されてものすごく窮屈です。そのつま先に体重の三分の一がかかると言われています。疲れてあたりまえです。

「なんで女はこんなアクロバットみたいなことをやらなければならないのか。いったい、ハイヒールって女にとってなんなのか。まさに現代の纏足ではないか」ということを私なりに考え、研究し、そのことを「自分の足を取りもどす」にくわしく書きました（『もう、「女」はやってられない』講談社）。

その翌年一九八六年に、『纏足物語』（東方書店）という本のなかで、中国問題の研究者である岡本隆三氏が、纏足は「人体改造施術《せじゅつ》」で「婦人の家畜化をねらった非人道的な風習」であったが、それとおなじように、ハイヒールもまた現代の纏足であり、女のからだに危害を加える男尊女卑の悪習である、と指摘している文章に出会って、心強い思いがしました。

私は、纏足は女を逃がさないためにはじめられたのだと言いましたが、世間では、ふつう、纏足をするのは男の快楽のためだと言われています。岡本氏も、なぜこのような奇習がはじまったのかよくわからないが、纏足をほどこして臀部《でんぶ》の発達を促し、より性的魅力の増した女をつくること、と同時に、外出をままならなくして女を「貞女」にすることが目的であったと書いています。また、男の寵愛《ちょうあい》だけを生きがいにさせられた女たちの激しい嫉妬から殺しあいにまでいたった妃《きさき》たちの話などもなまなましく書かれています。

纏足は、親指以外の四本の指ぜんぶを足の裏に折りたたむので、足そのものがハイヒールを履いているのとおなじ格好になります。親指がハイヒールのつま先で、折りたたんだ四本の指と踵《かかと》とでヒールができるわけです。しかも、できあがった足の大きさは十センチほどで、外を出歩けないようになっています。ハイヒールを履くと、足の甲が上がって、脚線が足首から脚へとつながって見えるので、纏足とおなじように足そのものはすんなり小さく見えます。

岡本氏の本によれば、纏足は、通常三歳から六歳くらいまでの幼女にほどこされ、纏足が完了するまでには三年くらいかかり、そのあいだ激痛に襲われつづけ、それはまさに生殺しの苦しさで、母親は見るに見かねて親戚《しんせき》の女性に自分の娘の纏足をたのむほどだったとあります。

足の甲の皮が破れて膿《うみ》と血が溜《た》まり、それを薬湯で洗い流すそうですが、苦痛に悲鳴を上げると、「我慢しないと、お嫁にいけませんよ」と諌《いさ》められるのだそうです。

私の知りあいの中国人女性のおばあさんは、毎夜、眠るまえにお父さんが足に包帯を巻きにきたけれど、あまりの痛さに夜中に黙って包帯をほどいたので、小さな足にはならなかったと言っていました。

からだを痛めてもハイヒールを履く女のアイデンティティとは

それにしても、からだは大人の大きさで、足だけ幼児とおなじ十センチでは、女はよけい逃げられません。逃げてもすぐつかまってしまいます。ところが、そんな足をした女が、男にとってはこよなくかわいいというのはどういうことでしょうか。自分から逃れたい女、それでも逃げられない女、しかも自分が守ってやらなければ生きていけない女は、一方では、煮て食おうが、焼いて食おうが男の勝手、女のいのちを自分の思うがままにできます。人のいのちを自由にできるということほど、支配欲を満足させるものはありません。またとない快感です。男はそこに自分の力を感じることができるからです。

寺山修司氏は『不思議図書館』(角川文庫)のなかで、「一本足の娼婦《しょうふ》は、つねに客に事欠かない」というパリのある娼家のことや、纏足した二本の足で男根をもてあそんでもらうことを催淫法《さいいんほう》にしていた中国の老人については、そのあいだじゅう「纏足される以前の娼婦の足を思いうかべ」ようとしていたのではないかということなどを書いています。

纏足をすると、しょっちゅう包帯で縛っているから足はうっ血して腐って臭《にお》いがする。クサいんですね。でも、男たちはそのクサさを愛したとも言われています。いちばんの悲劇は、纏足もまた「文化」になったことです。纏足は、最初は貴族のものでした。要するに、働かなくていい女、寵愛を受けてセックスの相手だけしていればいい女のものでした。ところが、纏足を下層の女たちもみんなまねしだします。さいごには、農家の娘までやりだしました。

農家の娘が纏足したら、働けないから大変です。農家の娘たちが十三歳ごろから自分で纏足をしだす場合、もう足は十分、大きいからあせります。もちろん手術などできないから茶碗《ちゃわん》とかガラスの破片とかで足裏の肉をかきだして、四本の指を折りまげたとも言われています。バイ菌がはいって死んでしまう人もいました。死なないにしても痛みます。そして、腐るからクサい。そんなにまでして、女は「女らしさ」で自分を切り刻まないと生きてこられなかったわけです。

それに比べたら、ハイヒールを履く苦痛なんて問題ではありません。脱ぎたければ脱げるんですから。それでも私たちは、腰を痛めたり外反母趾《がいはんぼし》で手術が必要になったりしてもなかなか履くのをやめられません。それは、「女らしさ」ですでに心が纏足されているからです。

腰が立たなくてヨロヨロしながらもハイヒールを履いているおばあさんを知っています。その人は、いつまでも「女らしい」と言われたくて、必死に努力していることがわかります。「女らしい」と言われることが生きていることの証《あかし》なんですね。その人は杖《つえ》をついてまでもハイヒールを履くことでしょう。なぜなら、古い「女らしさ」の価値観で生きてきた人にとっては、「女」でなくなることは人間でなくなるのとおなじことだからです。ハイヒールがそこまでその人のアイデンティティをつくっていたのかと思うと、「女らしさ」という社会規範が犯罪的にさえ思えて愕然《がくぜん》とします。

ハイヒールを履くことがその人の人間である証であり、ハイヒールとその人の内面とが密接に結びついているのですから、私たちはそれを笑うわけにはいきません。その人は、自分の足や腰が痛んでも、ハイヒールを履くことで女にとって差別的な状況が生まれるなどとは考えてもみなかったのです。

その人に「ハイヒールをやめなさい。からだに悪いから」とでも言おうものなら、その人は怒るにちがいない、よけいなお世話だと言って。彼女にとってはハイヒールをやめることは、自分のアイデンティティを失うことになるからです。

私もむかし、必死で小さめのハイヒールを履いて、足がパンパンにはれ上がりました。それでも女らしく見せたくて履きつづけていた時期があったので、彼女の気持ちがとてもよくわかります。それが大人の女たちのすることだから、それが「女らしい」ことだから、そうすればきれいだと言われるから、たとえからだが痛んでつらくても、やめられなかったのです。

毛沢東が「纏足は女性抑圧のシンボルだから、やめましょう」と禁止令を出したとき、いちばん抵抗したのは女たちだったと言われていますが、それもわかる気がします。からだごと、それこそまるごと抑圧されてしまった女たちは、抑圧された状態が自然だと思っています。しかもそれこそが「女らしさ」だと言いくるめられれば、いくら不便で窮屈でも、「そういうものだ」と自分を納得させて我慢してしまうからです。

女という身分をあらわし、自由を束縛する女の服装

私たちは、自分の着たい服や色柄を自分で選んでいると思っていますが、実際には、心のなかでいろいろな規制が働いていて、無意識のうちにその規制に従って、デザインや色柄を選んでいる場合がたくさんあります。

年をとったら地味な色柄を着るとか、生まれたての赤ん坊には、男の子ならブルー、女の子ならピンクの服をプレゼントするとか。

保育園の先生がこんな話をしていました。二歳になるかならないかの男の子が、トイレに行って、たまたまピンクのスリッパしか残っていないのを見て、「ぼく、トイレいい。男の子のスリッパないから」と、頑として用をたそうとしなかったそうです。前述のハイヒールを履いているおばあさんの場合とおなじで、二歳にしてもう、色がその子のアイデンティティを決めているということです。

制服といえば、中学生や高校生にあるだけでなく、女子銀行員やデパートの店員にもあって、学校や雇用者側が服の色やかたちを決めています。ただ、学生や銀行員たちは、学校が終われば、また、八時間労働のあとは自分の服装にもどれます。

ところが、たとえば、奈良時代の庶民は、衣服の色・かたちまで皇族や貴族とはっきり区別されていました。仕事中だけでなく、個人の意志とは無関係に、四六時中、国が決めた服装をしていなければならなかったのです。そうなると、服装は、身分をあらわすことになります。身分を決め、それを強要し、管理したのは、当時の権力者たちです。

そう考えると、女が、四六時中「女らしい」と言われる服装をしなければならないとしたら、女は女という身分を生きていることにもなります。やはり女の服装もまた、女という身分をあらわしているのです。

いまではだれも、スカートが男より身分の低い人間の衣服だなどとは思わないかもしれません。でも、いまから三十年ほどまえ、私が大学の専任教員になって、ズボン姿で授業をはじめたとき、中年男性の同僚から「女なんだから、スカートをはきなさい」と注意されました。

スカートより動きやすいし、仕事がしやすいからズボンを選んだのに「女だから」

という理由で禁止されるとしたら、いったい女の服装ってなんなのか。女の人が活動性のある男の服を自由に着られないとしたら、もともと女の服装それ自体が、女に不利益を与え、男より劣るという身分を表現する差別的なものなのではないか。そう思いはじめたのです。実際、フランスには、「キュロット（半ズボン）をもつ者は自由をもつ」という諺《ことわざ》があって、それは男性を指しているのですが、活動性のあるズボンをはく人が、より人間らしい人間になれるということです。

女の服装は、時代がくだるにつれて自由を束縛するものになります。人間は、足が二本あってはじめて歩けるわけですから、ズボン風のものがいちばん活動しやすいはずです。村上信彦氏の『服装の歴史』（理論社）によると、古代では女も男もいまのステテコのようなものをはいていました。そのころ、女も軍事・政治・経済とあらゆることにかかわっていたようです。

ところが、男性の支配力が強くなってくるにつれて、女性の服装は二本足を一本にまとめるかたちになっていきます。平安朝以降、女の財産が男の側に移ってから、男の袴《はかま》は足が出るのに、女の袴は足が出なくなります。足が出なければ歩くにも不自由だし、逃げることもできません。着物もタイトスカートも足を一本にくくるので、活動が束縛されます。束縛されるだけでなく、下半身が開放的ですから、いつでも外から手が入れられます。つまり、いつでもレイプ可能というのが、着物やスカートの特徴と言えます。

すなわち、女の服装は、女の自由を束縛しながら、同時に、男たちが接近しやすいように開放的かつ無防備にもつくられているということです。西洋の女の下着のコルセットや、日本のむかしの着物の帯にも、女を縛りつけて女の行動力を奪い、自分たちより小さくしておきたいという男の願望があらわれています。帯は最初、細い紐《ひも》でした。室町時代には女の人もゆったりと腹の下に男の兵児帯《へこおび》みたいなものを締めていました。しかし、女の社会的地位が下がるにつれて、幅広の帯になり、江戸時代になると、胸もと一面をおおうものになります。それだけではなく、着物を着るのにそれこそたくさんの紐が使われだします。女性のからだは紐だらけになり、それらはからだを束縛し、圧迫するものになりました。こうして、男社会は女のからだをつぎつぎと拘束していったのです。

なぜ女子中学生の制服にスカートを強制するのか

女と男は、ただ性がちがうからちがう服装をしていると思わされてきましたが、よく見ると、どうも女の服装のほうが、男のそれに比べていろいろと不便で無防備で、しかも、不健康にできています。

それというのも、女性の衣服の特徴は、からだの拘束と露出の二点にしぼられるからです。この拘束と露出が女性から自由を奪ってきました。ライフ・アーティストの駒尺喜美さんは「女の服装は監獄スタイルだ」と言っています。静岡県の三島で監獄にはいっている女の人が看守に犯される事件がありました。「いたずら」と報道されましたが、実際はレイプで、女性たちがそのために闘いました。看守は鍵《かぎ》をもっているので、その気になれば自由に女囚の独房にはいれます。でも、女囚は逃げられません。逃げても囚人ですから、かならずつかまえられます。

胸のあいた洋服を着たり、スカートをはいたりすることも、それとおなじ状況なんですね。スカートは、なかに手を入れられても、パーッとまくられても、どうしようもないほど無防備なのです。スカートをはいている人は、自分で自分を守れないということです。

それに、スカートをはいていると、活動性がそがれます。いつまくれあがるか、いつスカートのなかが見えるか気にしなければならないので、とても疲れます。足の置き方にもたえず気をつけていなければなりません。人間の足はイスに座れば、しぜんに少し開くものです。でも、スカートをはいた女性は、両足が開かないようにたえず足を閉じていなければならないのです。それはとても緊張を強いられることです。また一方で、そうやってからだを閉じる姿勢、足を組む姿勢は、媚《こび》だととられてもしかたのないような姿態になります。

男が無防備性に抗《あらが》う女性の姿態にセクシーなものを感じるとしたら、それは苦しみの結果できた纏足にエロスを感じるのとおなじで、やはりそこに支配という要素がちらつくのは否《いな》めません。

そう考えると、中学校や高校の女子の制服が一律にスカートに決められているというのもおかしな話だということに気づきます。小学校まではズボンをはこうと、スカートをはこうと自由だったのに、中学校や高校で、校則で強制的にスカートをはかせられるというのは、どういうことでしょう。要するに、「女らしく（かわいく）」せよ、ということですよね。「女らしく」すること自体、精神の去勢であることはすでに見てきました。スカートをはけと強制され、ズボンより活動性の少ない服装を押しつけられることとは、不便を強いられることです。肉体の拘束であり束縛であって、これもまた差別以外のなにものでもありません。

なぜ、思春期の女の子に、わざわざそんな無防備な服装をさせるのか。しかも、未来にそなえて活発に活動しなければならない時期に、それだけに危険なことも多い時期に、なぜ、「動きやすいように、また、からだを守るためにも、ズボンをはきなさい」ということにならないのでしょうか。

スカートをはくかズボンをはくか、少なくとも二つの選択肢があったほうがいいということです。いちばん大事な時期に自由な格好をさせずに、強制的にスカートをはかせることは、まさに抑圧と去勢を増幅させるものであり、自由社会の教育とはほど遠い状況にあると言えるのではないでしょうか。

女の美意識や服装をつくりだす男の視線

では、ハイヒールを履いたり、スカートをはいたりするのが女らしいとか美しいとか思う美意識はだれがつくるのかと言えば、それは王侯貴族である男たちであり、男たちの視線であり、その視線を媒介する男性主体のマスコミです。マスコミの世界はテレビから雑誌にいたるまで、主導権を握っているのはそのほとんどが男性です。私たちは、そこから発信される彼らの美意識を内面化して、私たち個人の美意識だと思いこみ、それを生きようとします。自分をしっかりもっていない人ほど、その美意識に踊らされることになります。

亡《な》くなったダイアナ元妃が帽子をかぶったり、水玉模様の服を着たりすれば、自分には似あわなくてもみんなまねしました。秋篠宮妃が真珠をつければ、みんな真珠をつけだしました。だいたい、ファッションなんて、上でやったことが下に降りてきたものです。いまは、貴族や上流階級などではなくて、雑誌やテレビなどのメディアの力がモデルを紹介役として、デザイナーたちのつくった新しい洋服を一般に普及させるわけです。だから、みんなファッション・モデルや女性タレントのまねをします。反体制であったイギリスのパンクのファッションは下から上への下剋上《げこくじょう》でしたが、既成のファッション界を活性化させただけで、メインに吸収され、活力をなくしていきました。

そのファッション業界の中心をなしているのもまたほとんど男性です。女性がいたにしても、その人たちも、男性が主体の社会で生きのびていくためには、男性たちの美の規範に従わなければなりません。ですから、女性のデザイナーがかならずしも、女性の自由のための服装をつくっているとはかぎらないのです。デザイナーといえども商売ですから、売るためには男の視線を自分のなかに内面化して、その美意識で女の服をつくっている人たちがほとんどではないでしょうか。

若い人たちが好きなミニスカートは、女性の活動性を主張して売りだされたはずです。実際、腰に短い布を巻いているだけなので、足は自由に開くし、とても活発に動けそうですが、どう見てもいちばん犯されやすい服装です。大腿《だいたい》部を見せ、股間《こかん》部をたえず意識させることで、「どう、私、魅力あるでしょ、いつでもいいわよ」というメッセージを男に送っていると思われてもしかたがありません。実際にそう思われたくてはいている人もいるかもしれませんが、それにしても、ひじょうに危なげな服装です。着ている人は、楽しんでいる一方、大変なストレスをも感じているはずです。

ああいうファッションは、この世の中、男女対等で、男が女を襲うような野蛮な状況がないという想定のもとに、現実を隠蔽《いんぺい》したうえでつくられ売りだされたとしか思えません。たしかに早くそんな時代がきてほしいものです。そうなったら、人は女であろうと男であろうと、パンツひとつで歩いてもいいわけです。でも、まだそんな時代ではないのに、そうであるふりをしてつくられた服装に、女性が喜んで乗せられているような気がするのです。

女のからだにやさしい、ゆったりした洋服は、最近になって少し出まわるようにはなりましたが、日本では相変わらずまだからだにピッタリした服か上半身はだかに近い服が主流です。時代錯誤もいいところです。

そして細いイコール美しいという思い込みで、若い女性はみんな痩《や》せようと必死です。食事制限をし、無理なダイエットをした結果、骨粗鬆症《こつそしょうしょう》になったり、脱毛に苦しんだり、何ヵ月も生理が止まったりと、健康を害しています。健康で快適な体重は人によってそれぞれ少しずつちがっています。それなのに、そういうことにまったくおかまいなく、市販の細身の洋服に自分を合わせようと、必死で痩せるための努力をしているわけです。

そういう人たちは、「女らしく（かわいく）」なろうとして「自分」を見失ってしまって、「自分」がないので、すぐ流行や風潮に足元をさらわれてしまいます。「自分」があるかないかは学校の成績のよしあしとはべつです。頭がよくて仕事がよくできても、依存心が強ければ、ボーイフレンドの「きみ、太ってるね」の一言でダイエットに走ってしまって、とり返しのつかない健康状態になったりもするのです。

お仕着せの美意識を変えることで差別的な文化から抜けだす

一般に美しいとされていたものでも、それが人に苦痛を与えるもの、人を苦しめるものだとわかったら、いつまでもそれを美しいとは言っていられないと思います。ましてや、それがいのちにかかわるかもしれないと知ったら。

ハイヒールを履けば、胸とお尻がつきでてセクシーで美しい、かわいい、という美意識があったとしても、外反母趾でゆがんだ足指を見て、その美が私たちのからだを痛めつけることで生まれるものだとわかったら、もう履けなくなるのではありませんか。一度からだに毒だとわかったら、もう喜んで履くことはできません。逆に、履いている人を見ると、自分のなかの古い意識では、「ああ、きれいだな」と思っても、その害を知った新しい意識では、あんなにまでして女をやらなければならないなんて気の毒に、と思ってしまうのも当然です。

ゆがめられたいのちよりも、ゆったりとラクにしていて、しかも生き生きと美しければ、そのほうがいいんじゃないでしょうか。つらいときにはなにがつらいのかよく考えて、自分につらい思いをさせているものを脱ぎ捨てていく。そのためには、たとえば、ガードルをとって垂れジリになろうと、ブラジャーを脱ぎ捨てて垂れチチになろうと、自分で選んだことだから、その結果をひきうける。そうやってお仕着せの美意識それ自体を変えていかないと、女の人は自由になれません。からだの解放は、そのまま心の解放にもつながるからです。

美意識というのは、生まれ育った生活環境のなかでしぜんに心のなかに住みついたもので、その意味では、とても古いものです。新しいものを学んだとき、頭では納得しても、心がついていかないことがあるのはそのせいです。それで、私は、美意識は尾骶骨《びていこつ》みたいなものだと言っています。どうしてそういう美意識ができあがったのか、自分ではよくわからない部分があるからです。にもかかわらず、その部分で人やモノをいろいろ判断してしまう怖いところがあります。ですから、美意識を変えるのは不可能にも思えますが、それでも自分史をひもとけば、子どものころから現在にいたるまで、自分の美意識もさまざまに変わっていることに気づきます。

なにを美しいと感じるか、なにをセクシーだと感じるかは、本来、ひじょうに個人的なもののはずなのに、一方で、それは社会体制とか経済とか風俗習慣とか、人間観とかいろんなものの影響を受けて決まるようです。また時代や場所によってもいろいろと変わります。リューベンスの描いた豊満な女性を美しいと思う時代と、モジリアニの描くほっそりとした女性を美しいと思う時代があるわけです。

逆から言うと、美意識にしろ、自分のセクシュアリティにしろ、その気になれば、ものの考え方すなわち価値観を変えることによって、それらをも変えられるということです。食べものの嗜好《しこう》だって、男の好みだって変えられる。私たちは、そういうものは生来的なもので変えられないと思いがちですが、それでも必要に迫られれば、みんな変えざるをえなくなります。

ちょっとまえまでは、男の人が身なりに気を使うと、「男らしくない」と言われました。いまはちがいます。おしゃれな男の人のほうが喜ばれます。またむかしは、「男子厨房《ちゅうぼう》にいらず」と言って、台所仕事をする男の人は嫌われましたが、性別役割分業反対の考え方が浸透してくるにしたがって、家事や子育てなどにこまめに手を貸す男性がステキだと言われるようになりました。正反対と言ってもいいような変わりようです。そういう生き方の変化にともなって、男女の服装に対しても、なにが美しいのか、美の規範が変わってきて当然だということです。

差別的な文化の束縛から解き放たれて自由に生きたければ、まず自分の美意識のチェックからはじめることです。お仕着せの美意識ではなく、自分なりの美意識を見つけて育て、それを生きるほうがはるかに個性的で現代風でステキだと思います。

マリアでいくかイヴでいくか、ひとりの人間として生きるか

服装は、その人のものの考え方や生き方と切り離せません。服装を見れば、その人が社会とどういう関係をもちたいのか、男性にどう扱ってほしいのか、自分をどう考えているのかわかるようなところがあります。自分を大事にしてるか、自分らしさを見つけようと努力してるか、ただ流されているだけかということもよくわかります。

女の人が自分を大切にして、自分の人生を大事に生きたかったら、まず、人にどう思われるかよりもいまの服装が自分に害を及ぼしていないかどうか、よく点検してみたほうがいいと思います。性差別というのは女性ゆえにこうむる不便さや不利であり、その結果、社会的精神的に損な目に遭うことを言います。この男性中心の社会では、文化そのものが女性差別とも言えます。みんな差別だと知らないで、それが自然だと思っています。「自然」という名の差別を作っているのであるから、私たちはなかなか差別には気づきません。文化そのものが自然になって差別状況を温存・継続させて

いるんです。

　ですから、女の人でも、「私、差別されたことなんてないわ」と言う人がいます。男の人もよく、「オレ、女の人を差別したことなんて一度もないよ」と言い訳します。お父さんが外へ働きに行って、お母さんが家で台所仕事をすることは〝あたりまえ〟になっています。これが差別なんだと意識されないほど、生活の根っこにとけこんで、「自然」になってしまっているということです。

　女性は、スカートをはくのが女らしい、口紅をつけるのが女らしい、パンプスを履くのが女らしい、ということになっているけれど、その「女らしい」服装のせいで、口唇があれたり外反母趾になったりして自分の健康が損なわれるのだとわかったら、「自然」だと言われてきた女の服装そのものが、じつは自分にとっては損すなわち差別そのものだということが見えてきます。

　一方で私たちは、そういった服装にあまりにも慣れていて、からだにあまりよくなくても仕方がないと受け入れてきました。また、慣れからそこに快適ささえ見つけている人もいるかもしれません。「スカートは、夏は涼しい」とか。でも、女の人に冷え症が多いのも、首から腕から脚にいたるまであんなに開口部の多い服装のせいだと言えなくはないし、また、ガードルみたいなものは腰まわりの血液の流れを悪くするので、女性に多い腰痛《ようつう》の原因になっているかもしれないのです。

男の人のなかには、男だってネクタイで拘束されていると言う人がいます。ネクタイはたしかに苦しいかもしれませんが、その下にあるワイシャツの襟《えり》は、大動脈のある首もとから体温の逃げるのを防いでいます。露出を避けることでからだを守っているのです。おなじ拘束でも女性の服装の拘束性とは、意味がちがいます。一方、女の人の洋服はオシャレになればなるほど、一番熱を発散する手首、足首など首という首が丸出しです。だから女の人に冷え症が多いのです。

女の人は、もっと自分にやさしい服装をすべきです。朝から晩まで「女」をやっていたら、くたびれて早く老《ふ》けます。妥協するなら、ＴＰＯでけじめをつけるのもいいでしょう。働くときは自分らしいラクで動きやすい格好をする。家に帰ったら、無防備なスカートでもはいてリラックスする。これ、いま、逆になってませんか、外で無防備なスカートをはき、家でパンツをはいて、と。またデートのときは思いっきりセクシーで派手な格好で「あたしを食べて」とばかり、相手の度肝を抜くのもおもしろいかもしれません。もしボーイフレンドがハイヒール好きだったら、会ったときぐらいちょっと履いてあげてもいいでしょう。ただ、ためしに一度、男の人にハイヒールを履かせてみてください。心やさしい男性なら二度と履けとは言わないハズです。

でも、あくまでも自分の個性を裏切らないように。自分たちを差別してきた服装を利用し、ファッションを利用することはあっても、けっしてそのドレイにならないよう、自分中心の美意識を育てること、それが自分らしさであり、自分の財産ではないかと思います。これからは、市販の洋服に自分を合わせるのではなくて、メーカーに自分たちのからだに合うサイズのカッコイイ洋服をつくらせる方向に進むべきです。

マリアでいくのか、イヴでいくのか、それともひとりの人間として生きようとしているのか、服装ひとつにもあなたの意志を生かしたらどうかということです。

第四章　ペニスなしでどこまで人を愛せるか

いまの社会でのセックスは
女への侵略・占領

セクシュアリティそれ自体、ひじょうに個人的なものです。人それぞれみんな人生がちがうように、セクシュアリティもちがうはずですから、自分のセクシュアリティを生きるためには、自由がないとだめだと言えます。はっきり言って、女も男も人から養われていたら、自分のセクシュアリティは自由に生きられないということです。

ビートたけしさんが、むかし『微笑』（祥伝社）という女性雑誌に女と男のことを書いていたのですが、そのなかで彼は、「やれ男女平等だなんだと言うが、女なんかイッパツやっちまえばおわり。こっちのもんだ」みたいなことを言っていた時期がありました。

女の人にとって、セックスは〝好きな相手と愛を交歓するもの〟という発想ですが、男の人の場合は、力を試すもの、相手を征服するもの、征服してしまえば、相手はこっちのもの、自分が組みしける相手、ということになります。男の場合は性器の形態からして攻撃的で、女の人はからだを開いて相手を受け入れるというかたちになっていますから、相手との関係のあり方によっては、モロに男が女という国を武器で攻撃し侵略する状況に似てくることもあるわけです。要するに、一度セックスしたら相手を占領したもおなじ、組みしけると思っているわけですから、それは強姦《ごうかん》であろうと、愛しあっている男女のセックスであろうと、男から見れば、その結果はたいしてちがわないということです。「あの女をおれのモノにした」ということばに実態がよく出ています。

ただ、これは私の考えでは、男性器と女性器の形態のちがい——一方が出ていて、一方がへこんでいること——から生まれる現実ではなく、形態をうんぬんするまえに、すでに男女間に文化的・制度的な男女差別と、そこから生まれる女性蔑視《べっし》があるから、男性は自分たち固有の性器のかたちをかさに着て、支配や侵略のかたちをとる身勝手なセックスをしているということです。実際、男性のなかには、暖かく包んでもらうという感覚で女性と接する人もいるし、女性のなかに吸い込まれてしまいそうな恐怖を感じる人もいるくらいです。

A・ドウォーキンという人が、『インターコース――性的行為の政治学』（寺沢みづほ訳、青土社）という本のなかで、ビートたけしさんとおなじ意味のことを言っています。それは、いまのように男女が平等でない社会でするセックスは女からすれば、自分のからだを侵略・占領されるのとおなじことだと言うのです。私も、それは事実だと思います。ですから、たけしさんの発言もまた、鋭い現状分析だと言えます。

女を家に閉じこめてパンツ洗いをさせている社会では、少なくともセックスをすればするほど、男は相手の女を軽く見るようになります。すなわち、ついに、男はその女を占領下に置き、女の存在そのものを支配したことになります。セックスしたあと、男と女はセットになれば、男は平気で女にパンツを洗わせるし、女は、男がたのまなくても自分からすすんで男のパンツを洗うようになるのです。

男は自分たちがいちばん屈辱と感じるようなことを平気で女にさせて、それも無償でさせているんですから、女に感謝はしているはずです。ありがたいことですから。でも、たとえ感謝はしても、黙ってそんなことをしている女を尊敬はできないはずです。『アーロン収容所』のところで見たように、自分たちの社会の最下層の人間がすべきだと思っていることをすべて女に請け負わせる、それが結婚制度であり家庭であるなら、男の人は、自分のセックスの相手を大事になんかできるはずがないのです。

ペニスを主人公とするセックスに従属する女の性

いまのように、女がガレー船の船底に閉じこめられて、「だれに食わせてもらってるんだ！」といばっている男と生活しながら家事労働をやっているような関係のなかにいるかぎり、セックスにも上下の身分関係がはいってこないはずはありません。セックスそのものが男中心の身勝手なものになるのはあたりまえです。男が上になるというかたちで、男が勝手に満足するか、あるいは相手を「いかせる」という男のエゴのためのセックスか、そういったレベルのセックスになっても不思議はないのです。

ところが、私たち女は、恋人として妻としてのセックスは、レイプとはちがうと思いたい。自分だけはちがう扱いを受けていると思いたい。しかし、いくらそう思いたくても満足できるセックスではないから、不満がたまっているはずです。とくに既婚の女性は、一般に、セックスはお務めだとわりきろうとしています。身勝手な夫のセックスにうんざりしている人がひじょうに多いと聞きます。

先日、レズビアンのメイク・ラブと、七十歳と六十歳のカップルのメイク・ラブをそのまま撮った二十年ほどまえのビデオを、アメリカから買ってきた人に見せてもらいました。日本人にとっては驚くような映像だと思います。もちろんレズビアンのほうは、まったくペニスを使わない。七十歳と六十歳のカップルのセックスの場合にも、ペニスは使いません。ペニスはなくても二人で愛しあえるわけですよ。十分に可能なんです。ビデオには、すばらしい二組の性行為が展開されています。それを見ていた日本の年輩の女性が、「ああ、私はレズビアンだったらよかったのに」とか、「レズビアンとしてああいう体験を一度してみたいと思った」とか言いだしました。

そういう声を聞いていると、男の人はずいぶん身勝手なセックスをしてきたんだな、と思います。逆から言うと、その人と夫との性生活はそれほどみじめだというか、貧しいというか、楽しめないというか、寂しいものだということです。養われているから、しかたなく〝お務め〟しているというわけです。女は養われている分以上の仕事をしているのに、それでも、「養ってやっている」という男の意識が、そういう貧しいセックスを生みだしているということでしょう。

これまでの女と男とのセックスは、男のペニスを主人公にしたセックスで、女の人はそれに従属するセックスを余儀なくされてきました。主人公の楽しめるセックスが主流であって、男の人が女の人を楽しませようと努力するのも、相手の女のためというより自分のペニスのためでした。

若い人向けのセックスのマニュアルは、いちおう女性のことを考えているようですが、「女とは……だ」というたぐいの一般論にのっとった、女の子に嫌われたくないための自己防衛的なハウツーの世界です。そこでの女の子はまるでミルクのみ人形のように扱われていて、こっちを押せば「ピィー」、あっちを押せば「キャー」と言うだけです。

ふつう男の人は、自分が支配できると錯覚できる（あるいは幻想する）若い女性ばかりを相手にしたがるようです。極端な言い方であることは承知で言いますが、日本の男性は一般にロリコンで、自分があきらかにコントロールできると確信できる相手でないとできないような、未熟なセックスが多いのではないでしょうか。大人の女を相手にできるような成熟した骨太の人間的コミュニケーション能力が鍛えられていないのです。相手が自分より小さくて弱くて征服しやすいと思えば勝手に安心して、エロスを感じられるものらしい。すなわち支配とエロスとは密接に関係しているということです。

ですから、さっきの中年女性のような本音がポロリと出てくるのですね。これまでの男の人のセックスは、言ってみれば射精完了型セックスで、あるいは、ただ女をヒイヒイ言わせたと思えればそれだけで満たされるような、女の人が何を感じ何を思っているのか、女の人の気持ちなどどうでもいいようなものでした。言い方を換えれば、人と人の心とからだが共鳴するゆたかなすばらしいセックスがあるのに、なまじ簡単にオーガズムがえられる男は、そこまでしか自分のセクシュアリティを開発していないということになります。

男の人は心のどこかで、戦い、攻撃をしかけ、征服することが「男らしい」ことだという、古い意識を引きずっています。人類がまだ貧しくて、肉体だけが資産であったころの古い意識ですが、その古い意識が女性との性行為でまるだしにされるのは、ちょっと困ったことだと言えます。

ペニスなしで
どこまで人を愛せるか

ですから、私は提案として、いっそのこと男の人は、一度、ペニスを使わないで、射精のための道具に女を使わないで、どれだけ人を愛せるか楽しめるか、そういうメイク・ラブの仕方を練習してみたらいいと思うんです。ペニスがあるから、男はみんなそれに頼って安心して、ペニスを挿入すれば、それで役目がすんだぐらいにしか考えていないのだから、思いきってペニスを使わないで二時間、思うぞんぶん相手を愛してみたらどうでしょう。自分がどれだけ愛に対して無能か有能かわかると思うんですよ。それをするには、愛がなければダメだということもわかるでしょう。ペニスなしで男が女を、あるいは同性を、どれだけ愛せるか、ためしにやってみたらいい。前述のビデオを見ていて、そう思いました。

男の人の意識のなかにはペニス・シンドロームがあって、ペニスがすべての男の人の意識を管理しているようなところがありはしないでしょうか、〝男〟イコール〝ペニス〟といったような。そうだとしたら、ちょっと情けないような気もします。そういう人に限って、年をとってペニスが立たなくなると、「〝男〟でなくなった」と思い、まるで人格喪失したかのようにだらしなくなります。メンスがなくなった女の人が、「〝女〟でなくなった」と、なりふりかまわなくなるのと似ています。

そういう男の人は、自分の「男らしさ」がおびやかされると、相手が女なら、ペニスで脅《おど》したくなる。相手が男なら、ペニスの代替であるピストルや刃物で脅したくなる。それがなければ腕力で、暴力で、相手に言うことをきかせようとします。子どもとおなじで、単純な行動ですが、そうやれば、男らしいと尊敬されると男は思っています。女たちは心の底からそういう男を嫌ったり軽蔑したりしているというのに、です。

さて、ペニスを挿入しなければ女の人は満足しないというような男の人の思い込みは、もうひとつには、生殖幻想に支えられているんじゃないでしょうか。たとえば、二人しか子どもを産まないとしたら、あとの何千回のセックスは生殖とは関係ないわけでしょう。そのへんのとらえ方の解放がもっと進めば、男性のセックスに対する感じ方、女性に対する考え方がかなり変わってくるはずです。あと何百回、何千回のセックスは、それぞれ何のためにするのか、よく考えたほうがいい。生殖のためのセックスでなくなれば、お互いをいつくしみ合い心を交わせるためのコミュニケーションのセックスになるはずです。

オーガズムが、たんなる「いく・いかない」の問題であるなら、女はマスターベーションをしたらいい。それなら確実に女はいけます。男の人だってそうでしょう。愛があろうとなかろうと、たんにオーガズムを得るだけの目的のセックスであるなら、せめてお互いに相手を尊重し、イーブンになるよう、礼を尽くすべきです。お互いがいっしょになるということにそれ以上の意味があるかどうかは、それぞれ各人が考えればいいことです。

これまでのところ、男は、社会的に強い立場を使って、身勝手なセックスをしつづけてきました。女の人は男の人を愛していようといまいと我慢してきました。しかしこれからは、男の人がいつまでも女性のからだを道具に使うようなえげつないことをしつづけるなら、自立し自活できる女の人たちはもう我慢はしないし、どんどん男の人から離れていきます。一方で女の人たちは、男まかせにしないで自分のセクシュアリティをもっと研究し、よく知るべきでしょう。

男社会に適応するために愛をおねだりする女たち

愛と恋とはべつだし、愛とセックスも切り離して考えてかまわないと思います。愛していなくても、相手をセクシーだと思い、相手に好意をいだいていたら、楽しいセックスができるかもしれないし、いくら愛しあっていても、相手が身勝手なセックスをする男なら、二人の性生活は貧しいとも言えます。「愛しているからセックスしてもいい」などというレベルの問題とはちがって、別次元で展開する性のクリエイティビティ（創造性）みたいなものがあっていいと思うんです。

それでも、これまで愛や恋と無関係なセックスは「愛のないセックスなんて」と、女性からさげすまれたりしてきました。でも、その「愛」の実体とはいったいどういうものなのでしょうか。

いままでは雑誌でも映画でも、女性をターゲットにしたものと言えば愛や恋をテーマにしたものばかりでした。最近の雑誌は、〝愛されるために〟や〝セックスでキレイになりましょう〟式の記事ばかりです。

いまの女性たちが年がら年中、「愛！　愛！」と男の愛ばかり求めるようになったのは、その原点にはドレイ状況に置かれている女性の現実があるからだと思います。

ガレー船の甲板の下に閉じこめられた女たちは、金の成る木はすべて男たちに独占され、仕方なく男という主人をいただいて、女の生き方だとされた結婚制度にはいってなんとか生きのびてきたけれど、この男社会に適応して生きていくためには、まず男たちからにらまれないよう、なるべく小さくなって、目立たないようにふるまわなければなりません。相手の言うことはなんでもきいて、逆らわずに、「ハイ、ハイ」と従ったほうが無難で安全だと、体験からも知るようになります。

ドレイ状況にある女は、甲板の上の主人の愛と恩情がなければ、食べものひとつろくにもらえないのです。憎まれて、殴られたり乱暴に扱われたりするより、主人に愛されていたほうがなんぼか得です。愛されたほうが、大事に扱われるし、わがままも聞いてもらえるし、そのほうがはるかにいい待遇をしてもらえるからです。さらに、自分で自分の人生を自由にできない女たちは、金持ちで寛大でやさしい男につかえたいものだと、念じるようになります。自由のカケラをおねだりすることもできるからです。

女の求愛が、媚《こび》のかたちとして発達しているのもそのせいではないでしょうか。食べものと自由のカケラを求めるためには、仕方がなかったのです。でも、そういう状況があまりにも長くつづいたので、女の愛情乞食《こじき》は常態となってしまい、いつのまにか「女は愛に生きるもの」とされてしまったのです。

子どもが保護者を求めるように、いつまでもひたすら「愛！　愛！」と男の愛ばかり求めている女の人は、ドレイ根性まるだしで、情けないことにみずから男のドレイになりさがりたがっていることを証明しているようなものです。実際、女がいつまでも男の愛だけを求めて男の子分になりたがっていてくれれば、男にとってこんな便利な存在はないわけですから、そういう女を男が「かわいい」と思うのは当然です。

でも、かわいいとは思っても、男は女を人格としては、人間としては、尊敬していません。しかも、これまで見てきたように、男のセクシュアリティには女を尊敬したら、その人とセックスできないかもしれない仕掛けがあります。これまでの長年にわたる男性支配の文化のなかで培《つちか》われてきた男の感性です。

ペットになった女たちが再生産する女性差別

「だって、私の恋人は、私を愛しているもの」「だって、私は、夫に愛されているもの」と言う人はたくさんいます。でも、愛にもピンからキリまであります。そういう人にとってもいじわるなことを言うと、差別的な状況での女と男との関係は、ペットと人間との関係とおなじだということです。ペットというのは養われています。かわいがればなつきます。さわれば柔らかくて気持ちいい。過大な要求はしないし、過大な自己主張もしない。自己主張するときは鳴いてみせる。ニャー、ニャーと甘えてじゃれついてくる。そうしたら、「うーん、よしよし。じゃあ、ゴハンあげようね」となる。それから、猫好きな人は、猫ならなんでもいいというところがありますよね。私の教えている男子学生はこう言っていました。「じつを言うと、もう、女ならなんでもいいんですよ」

ただ、男にもプライドや好みがあります。そこでどうなるかというと、金のある男は、「おれはペルシア猫じゃなきゃいやだ」。それから、ちょっとマゾっぽいのか、あるいはいろんなことに挑戦したくなるのか、そういう男は、「おれはシャム猫。ひっかくやつ。あれじゃなきゃいやだ」。シャム猫はひっかいて人に害を与えますから、よく首輪にヒモをつけて玄関につながれています。ストレスいっぱいですから、よけいワァーッとひっかく。すると、男は快感にうち震える。男の趣味はいろいろですが、女は養われているかぎり、やっぱり飼われているペットとおなじなんです。

それでは、私みたいに男に飼われていない女はなにか。これは野良《のら》猫って言うんですね。これはペットよりもっと社会的待遇がわるいわけです。議論したりすると、最後には、「亭主もいないくせに」と女の人にまで言われたりします。もちろん、飼い主のいる飼い猫のほうがランクが上だと思われていますし、彼女たちの言い分は、「飼い主に愛されたこともない野良猫に飼い猫のしあわせがわかるか」というのですが、おなじ猫には変わりないわけで、わかるもわからないもないのです。

先日、中年の男性の同僚と議論したんですが、それまでは、テニスだなんだと仲よくやっていて、「独身の女性はいいですね、ボーナスみんな使えて。田嶋先生、いいですねえ、いつもハツラツ、颯爽《さっそう》としてらして」なんて言っていたのが、議論して負けそうになったら、最後になんて言ったと思います？　「はんぱもんのくせに」ですって。馬脚《ばきゃく》をあらわすって言うんでしょうね、こういうの。

女はペットとおなじだと言われて、「でもそれでも、あんなにペットは愛されているじゃない」と言う人もいるでしょう。近ごろは病院で手厚い看護も受けられるし、おいしいキャット・フードの食べすぎと運動不足のために太りすぎて早死にしてもお墓までつくってもらえる。冬には毛糸のチョッキまで着せてもらっているのを見てると、たしかに大事にされてはいますが、あなたは、ああなりたいと思いますか？　あれは女が置かれている状況とおなじです。あの犬や猫の受けている愛が、これまで女のほしがってきた愛なんですよね。でも、捨てられたら、それで終わり。

これは私の経験なんですが、私は中学生のころ、猫が大好きで、猫を飼っていました。その猫はさみしい私の心のよりどころでした。ところが、その猫が皮膚病にかかったんです。そうしたら、うちの母が「猫を抱いて寝ると結核になるから、抱いちゃいけないよ。ふとんに入れたらいけないよ」とくり返し言いました。あんまり言われて、私もだんだん気持ちわるくなってきて、ある日、足元からふとんにはいってきた猫を蹴《け》りだしたんです。二月の寒い時季だったので、猫もしつこく何回もはいってきました。そのたびに足で外に出していたら、あきらめたらしくて、階下に降りていきました。そうしたら、翌日、その猫が近所の畑のなかで死んでいたんです。

泣かないでこの話ができるようになるには何年かかったことか。私は、猫地蔵をつくりたいくらい、罪の意識で、ほんとうにつらい思いをしました。いまでも猫を見ると、私の胸は痛みます。あんなに私をなぐさめてくれていた猫なのに、病気になったら治療も受けさせてもらえないまま、蹴りだされて死んだのです。

むかし、女は、「子なきは去る」とか、結核にかかったら離婚されるとか、猫が私に蹴りだされたのとおなじように、役に立たなくなったら婚家から追い出されました。いまは、勝手に離婚したら慰謝料をとられるので、男はほかに女をつくってもかんたんには離婚しませんが、むかしもいまも女の置かれた状況はたいして変わっていないのです。

ところで、蹴りだしたほうは、尽くしてくれた相手のことが忘れられずに、自分の非情を恥じて罪の意識に泣く人もいます。あんなに俺に愛を与えてくれたのに、申しわけないことをした、と。私もその猫のことを詩にも書いたし、小説にも書いた。それでも、猫は死んで、いない。

だいたい、十九世紀のフランスの小説はみんな、これです。男は、自分の浮気は女に認めさせますが、女の浮気は許そうとしません。ほかの男と情を通じた女をこれでもかこれでもかと痛めつけます。それなのに、女を死なせてしまうと慚愧《ざんき》の念に耐えかねて、その女を泣きながら回顧する。あんなに自分を愛してくれた女を死なせてしまった。なんてかわいそうなことをしてしまったんだろう、と。デュマにしろモーパッサンにしろゾラにしろ、みんなこれですね。『椿姫《つばきひめ》』『女の一生』『ナナ』、そしてメリメの『カルメン』などみんなそうです。こういった小説は邪険《じゃけん》に扱った女への追悼小説であり、同時にそんなすばらしい女を惚《ほ》れさせた作家の自慢話だとも言えます。

ところが、愛が女の生き方だと刷りこまれている女たちは、こういった小説を読むと、「あんなに男に恋されてみたい。ああいうふうに愛されるんなら、もう、死んでもいい。殺されてもいい」となってしまうわけです。男によってしか生かされることを知らない人は、もうひとつ、いのちの大切さを、自由の大切さを知ることができません。受けとる側にしっかりした自分がないと、小説から逆のインフォメーションを得ることになってしまう。女性差別から生まれた小説を読んで、女みずから差別を再生産する方向に行ってしまうということです。

女が男を恋するように仕組まれている男社会

これほど女たちは〝愛〟に生きているというのに、いままで、女を主体にした愛というもの、女の目から見た愛というものは、あまり語られてこなかったように思います。小説にしても恋愛論にしても、だいたい、男が見た女、男が見た女の愛、また、男がこうあってほしいと思う女のことを書いてきました。たとえ女が書いても、内容は女の本音というより、男が女に望むことを代弁して書いているにすぎません。すなわち女の作家もそのおおかたは男文化のお眼鏡にかなう女性像を描いてきたので、愛も女の立場から描いたものは少なかったということです。

なぜ愛がほんとうに語られなかったかというと、結局、これまで出版界・思想界を支配してきたのは、ぜんぶ男だったからです。その人たちはみんな、家に帰れば家内ドレイがいます。ほんとうに愛を語ったら、これまでの快適さを保障する家内ドレイを放棄し、仕事の世界をぜんぶ壊さなければならなくなります。ですから、男たちは本音を語りませんし、語っても生活は変えようとはしませんでした。男にとっては、妻とのあいだに愛がなくなっても、家事労働と子育てだけを不払いでやってくれさえすれば、それでよかったわけです。愛はほかで求めればいいからです。

女は恋愛をして、結婚をして、子どもを産んで、愛の名において不払いの家事労働をする。愛があってもなくても、家事労働は一生ついてまわるし、子育てのあとには親の面倒と、夫の世話がこれまた一生ついてまわる。結局のところ、女にタダ働きさせるために、男たちや世間は、女に「女は男を愛さなくちゃいけないよ。尽くさなくちゃいけないよ」と、何世紀ものあいだ、さんざん言いつづけてきた。愛といったって、それは女の自己犠牲による愛だった。そういう女の「愛」が男たちの世界の根本を支えているのだから、男はだれも絶対にほんとうのことを言いはしない。「でも、それはおかしいんじゃないか」と、女の側に立って疑問を出して、男女間の関係改善を主張しているのがフェミニズムです。

「恋愛」においての女と男の力関係はどうなっているのでしょうか。まず、自分ひとりで生きられない状況に置かれた女は、いやでも経済力のある頼りになる人を選ぶしかありません。愛より金が先です。ですから、いまでも女の人は〝三高〟（高学歴・高収入・高身長）などと男への条件を出しているわけです。それとおなじで、恋愛ひとつとってみても、女はけっして、自分より劣っていると思う人に恋したりはしません。

自分にないものをもっていたり、自分より優れたものをもっていたり、あるいは、なにかわからない人柄の力、すなわちカリスマ性や神秘性をもっていたりする人に恋したり惚れたりします。かならず、「いいなあ、このひとは」とどこかで気持ちが圧倒されるような人に恋をします。

要するに、自分と理想とのギャップが、相手への恋愛感情となりうることが多いのです。女は気持ちで圧倒され、さらに養ってもらって経済的にも負い目をおったら、相手の男に頭が上がらなくなって当然です。イヤでも男を立てざるをえなくなります。

ですから、とくに男のほうが女に恋をした場合には、恋愛が成就《じょうじゅ》するまでのある期間だけ、ふたりのあいだは対等になるかもしれませんが、いちど生活がはじまって、女と男とがセットになったときから、男女のあいだは、親分・子分の上下関係になるということです。〝恋愛では女と男は対等だ〟という言い方は、近代のイデオロギーであり、「性の政治」であって、男社会がたくらんだ女に対する〝だまし〟だと思います。

これまで、女性差別を文化の根幹としてきたこの社会のなかでは、大事なものはすべて男が独占してきました。学問も産業も社会的地位も家もすべて。男は自分名義の給料も預金口座も土地ももっていた。親からもらった名字ももっていた。でも、女にはなにもなかったんです。たまたま親がなにかもっていて、そのおこぼれにあずかることはあっても、それは親のもの。恋人がなにかもっていたって、それは恋人のもの。それでも女はおこぼれがほしいから、金持ちの男と結婚したがったわけでしょう。それもみんな女が貧乏にさせられてきたからですよ。

男をつかまえるとき、女がもっていていちばん有利に働いたのが顔の美しさです。それだけでワンランク上の結婚が可能になることもありました。あとは子宮があって家事能力があって、「女らし」ければ、すなわち、気立てがよくて献身的なら、人格などどうでもよかったわけです。でも、その美しさもしだいにおとろえ、亭主の名字をくっつけられた子どもは、やがて母親から離れていく。それでも最後は、夫亡《な》きあと、その子どもにまですがらざるをえないとは。踏んだりけったりです。

川端康成が『雪国』のなかで、駒子《こまこ》という芸者にこう言わせています。「ほんとうに人を好きになれるのは、もう女だけなんですから」。惚れることができるのは女だけだと。島村という男がいくら青白くてポチャポチャしていても、駒子という田舎芸者にとっては、やはり東京の男であり、情報の源であり、それはもう、ただただあこがれの的なんですね（くわしくは、前出『もう、「女」はやってられない』／「駒子の視点から読む『雪国』」参照）。

すなわち、財産も家も情報もなにももつことができない状況に置かれている女が、すべてをもてる可能性のある男にあこがれ、恋をする。もっと言えば、男社会というのは、いやでも女が男にあこがれ、恋せざるをえないように仕組まれているということです。その仕組みが構造としての差別なのです。こういう状況では、そういう差別的な恋しかできない、裏返せば、女は男に愛されることでしか自分のアイデンティティが見つけられないような状況に置かれてきたということです。これが私の現状認識です。

だから、愛とか恋とか、恋愛を美化して、女と男が惹《ひ》かれあうのは本能だとか、自然だとか、動物的なものだとか、そういう男側の方便じみたもの言いを無批判に受け入れているかぎり、私たち女は解放されません。現状をしっかり認識して、差別的な状況をなくしていかないかぎり、女がなぜ男との関係でこんなに不自由な思いをしているのかよくわからないし、またほんとうに対等な恋愛など生まれるはずはないのです。これまでの恋愛教科書風なもの言いにしたがえば、恋愛は男女対等なところに成り立つと言われていたけれど、現実は、たんなるセックスつき親分・子分の関係となじです。そこがよくわかっていないと、いつまでもロマンチックな恋愛イデオロギーにだまされて、愛だ恋だと、恋愛ごっこだけで貴重な青春を終わってしまうことになりかねません。

これからは、「男女雇用機会均等法」以降の女の人たちは自分の力で、男の人がもっていたものとおなじものを手に入れることができるということです。仕事も家も社会的地位も、ほしいものはなんでも。少なくとも自分のパンと家ぐらいは自分で手に入れたらいい。男とおなじスタートラインに立つことではじめて、女と男との関係が対等になり、これまで以上にリッチでおもしろいものになるのではないでしょうか。

『チャタレイ夫人の恋人』の状況は現代日本の男と女にピッタリ

私は、すてきなメイク・ラブっていうと、どうしても『チャタレイ夫人の恋人』を思いだしてしまいます。この小説には、准男爵《じゅんだんしゃく》夫人コニーと森番メラーズとの八回にわたるメイク・ラブのシーンが描かれています。女と男がおたがいに共感しあって、相手にやさしい気持ちをいだいたとき、それはどういうふうなメイク・ラブになるのかという好奇心を満足させてくれますし、とくにロレンスの場合、それは感動的に描かれています。私は学生のころ、D・H・ロレンスの作品が好きで、『息子と恋人』

や『虹《にじ》』や『チャタレイ夫人の恋人』など、エッセイから短編まで彼の作品をかたっぱしから読んで、大学の卒論にはロレンスを選んだほどなのです。

この『チャタレイ夫人の恋人』では、近代産業社会に夫を吸い取られてしまった妻と、その夫婦をめぐる人間たちの状況が鋭い目でとらえられています。それはまさに、いまの日本の女と男の状況にも、ピッタリあてはまるような気がします。

夫は、子どもが遊びに夢中になるように仕事に夢中になって、いっこうに妻のことをかまいません。そういう夫をもつ妻コニーは、「自分の持っている不満がこれらの丘よりも古くからのものに思われた」（引用部分は、伊藤整訳『チャタレイ夫人の恋人』上・下／小山書店新社、を参考にした。ただし、旧仮名づかいは新仮名づかいに改め、漢字は新字体を使用した。以下同じ）とありますが、これなどいまの日本の中年女性の気持ちに通じるものではないでしょうか。

『チャタレイ夫人の恋人』が出版されたのは、一九二八年です。舞台になっているのは、一九一四年から二〇年までの、イギリス中部のある炭鉱町の荘園《しょうえん》のなかにあるクリフォード准男爵の館《やかた》、ラグビー邸です。この荘園のなかには館のほかに大きな森があって、そこの森番として雇われていたのがメラーズです。彼の父親は坑夫ですが、彼は鍛冶工をしていました。『チャタレイ夫人の恋人』はこれまで何度も映画化されていますが、そのたびにメラーズは、いつも筋肉りゅうりゅうのマッチョタイプに描かれてきました。不倫をする男は、からだが大きくて男っぽくて精力絶倫といった、これまでのステレオタイプの犠牲になっていたことがわかります。でも、小説のなかのメラーズは、「ひよわ」に見えるほど華奢《きゃしゃ》で、それでも動作は「素早く」、しかも、生活人で「器用」というイメージの人物に描かれています。

クリフォード准男爵は、まだ三十代ですが、第一次世界大戦で兵役に服し、下半身不随になって帰ってきました。父親のあとを継いで炭鉱主になりますが、事業への没頭ぶりといい、そのメンタリティといい、まさに、いまの日本の企業戦士のそれとそっくりです。

ロレンスは、産業資本主義社会を「貪欲《どんよく》なメカニズムの波」であり、「機械化された貪欲」で動いていると批判します。その「貪欲」の世界で、水をえた魚のように十二分に能力を発揮して活躍するクリフォードを、ロレンスは精一杯の皮肉をこめて、「悪魔が技術家に知恵を貸しているのではないか」とその才能をほめ、その「頭のよさと不気味なほどの鋭敏さ」とを絶賛します。

こうして技術者としてすばらしい頭脳と才能をもつクリフォードですが、妻コニーの目から見ると、こと「感情的な人生問題」にかかわったときの彼は、「十三歳ぐらいの知能年齢で、まるで子供である」と映る。コニーは、その落差にあきれています。それでもコニーは、夫と自分のいのちをめいっぱいに交換したかったので、夫に思いのたけ自分を開いてみますが、夫からは何も返ってはきません。なしのつぶてもいいところです。坑夫たちを人間ではなくて「物」と見なしている彼は、妻である彼女のこともまた、「付属物」と見なしていることがわかります。コニーは、そういうクリフォードを批判して、彼は「触れる（touch）」ことができない人間だと言います。彼がそんなだから、コニー自身もまた夫にはほんとうに「触れて」いないと感じています。

「touch（触覚）」ということばはこの小説のキーワードです。ここでは、肉体的に「触れる」という意味のほかに、相手の心に触れる、すなわち、ほんとうのコミュニケーションをもさしています。ヴィクトリア朝では、一般に、目や耳を大切にして、「見る」こと、「聞く」ことが知的でよいことだとされ、「触れる」ことは、セックスもふくめて、表向き軽視されてきました。「触覚」は程度の低い世界と見なされ、軽蔑され、歪曲《わいきょく》され、誤解されていました。ロレンスが作家として活躍したころはすでにジョージ王朝でしたが、文化そのものは、まだまえの時代の残滓《ざんし》のなかにありました。

そこでロレンスは、「触覚（touch）」の世界がおとしめられることで、いかに人間性も歪《ゆが》められ抑圧されてきたか、人間復活のためには「触覚」の世界の復権こそが大切なのだと主張しはじめました。しかも、女と男の生活のためには「やさしさ（tenderness）」、そして、やさしいふれあいの「触感」の世界こそが大切なのだと一生訴えつづけました。

チャタレイ夫人は跡継ぎを産むためだけの存在

ところで、発明の才と優れた頭脳をもったクリフォードですが、精神年齢が十三歳では、恋人や妻と対等につきあえるはずがありません。彼に必要なのは、献身的に身のまわりの世話をしてくれるお母さんのような人なのです。こうなると、クリフォードはまさに、二〇世紀後半の日本の企業戦士にそっくりですよね。「あなたのお身のまわりのことは看護婦か何かにさせなければなりません」と言われたクリフォードは、その意見を聞き入れて彼専用の家政婦を雇います。その結果、彼は家政婦に頼りきりになり、髭剃《ひげそ》りからなにからすっかり彼女にやらせて、そのぶん彼はますます幼児化していきます。一方で、それと反比例するように、仕事ではますます成果をあげていって、小説まで書きはじめるのです。

彼は戦争のため下半身が麻痺《まひ》しているので子どもができません。でも、どうしても跡継ぎだけはほしいということで、コニーに、だれかラグビー邸にやってくる客人と浮気をして子どもを産んでくれないかと言います。一度ぐらいの浮気はどうということはないし、生まれた子どももラグビー邸で育てればここの子どもだから、という考えをもっています。こうなると、コニーがこの館にいる意味はただ跡継ぎを産むことだけになります。コニーは、夫との生活から締めだされ、夫と生きることを拒否されながら、一方で、跡継ぎのための子どもだけは産めと言われます。まさに貸し腹でしかない存在にされ、彼女の孤独ははかりしれないものになります。

コニーは、こうしてこの広大な館のなかでいのちをくすぶらせているうちに、しだいに痩《や》せ細り、半病人になっていきます。このクリフォードとコニーとの関係は、いまの日本の、会社に乗っとられた夫とその妻の関係に、そっくりだとは言えないでしょうか。要するに、いまの日本の既婚男女の関係は、イギリスの一九二〇年代ごろのそれにあたる、そんな気がします。ヴィクトリア朝のイギリスが植民地支配で利益をえて豊かになり、さまざまな社会問題に直面せざるをえなくなったのとおなじように、日本もいま、高度経済成長を成しとげて貧困から脱出し、みんな食べていけるようになって、やっと「衣食足りて礼節を知る」状況になってきたのではないでしょうか。家族や他人のことを考えはじめ、自分も相手もていねいに慈《いつく》しまなければならないと、これからの新しい人間関係を模索しているのだと思います。

ところで、この高度産業・資本主義社会で働きバチと言われるくらいよく働く男たちが、忙しい時間の合間をぬって性的快楽をえたいとしたらどうすればいいか。てっとり早く興奮できるための道具が必要になり、ポルノがはやります。また、てっとり早いセックスといえどもそれなりに人間関係は必要ですから、てっとり早く関係のつくれるノウハウやマニュアルが必要になります。それなら、こういった便利なマニュアル文化やポルノ文化があるところで、男は性的にも人間的にも自由なのでしょうか。自由どころか、逆に、そういった文化のなかでは、男の人たちもまた索漠とした気持ちを抱いているのではないでしょうか。人間としてすごい抑圧をかかえているはずですから。ただ男たちはこうした生き方を「男らしい」と思っていますから、抑圧を抑圧と感じたら、それは男らしくない、負けだ、と思ってしまうところがあって、ふつうそれを抑圧と認めようとはしません。

しかし、マニュアルやポルノの助けを借りなければなにもできないとしたら、その人たちの感性はロボットになってしまったのとおなじです。相手との関係のなかからいろいろ発見したり、育てたり、なにかをつくりあげていったりするというのではないのですから。押されて鳴るブザーのように、〝刺激のドレイ〟に自分をおとしめているとも言えるわけです。ですから、ポルノ文化もマニュアル文化も、手抜き文化の象徴だと言えるんじゃないですか。手抜きした結果、どういう犠牲が払われたかというと、結局は、自分の発見に、自分づくりに失敗したということになります。

いのちに対する共感から生まれるセックス

森番のメラーズは、この資本主義社会にも女性にも絶望しています。結婚に失敗したことでとても傷ついていたので、「もうどんな女とも交渉を持ちたくないと思っていた」し、したがって、女性とかかわることを恐れてもいました。彼は、これまでに出会った女たちが、「男を欲しがっているのだが、性を欲してはいない。それをただやむを得ないこととして我慢しているだけなんだ。もっと古風な女たちは、ただじっと横たわって、男に好きなようにさせているだけ」なのを見てきました。すなわち彼は、お務めと割りきっている主婦に満足していなかったということです。彼にとって、「セックスはあらゆるふれあいの中での本当の唯一《ゆいいつ》のふれあい」なのです。しかも、一人の女となにか共通の感情や共感をもっていないかぎり、その女と寝るなんてことはだれもしないだろう、と考えていますが、一方で、そのふれあいをぼくらは「怖《おそ》れている」とみずからを批判しています。そんな彼は、森を「最後の隠れ家」として、「自分に与えられた孤独というものを、彼の生活に与えられたたった一つの、しかも最後の自由としていつくし」みながら、隠遁《いんとん》者を決めこんでいました。そこに、思いがけず男爵夫人との出会いが起こります。

二人の出会いは、いのちに対する共感から生まれます。ある日、コニーは森を散歩している途中で鶏小屋を見つけます。親鳥に抱かれたヒヨコがかわいかったので、鶏小屋に手を入れて一羽とりだそうとするのですが、手を入れたとたんに親鳥に突っつかれてしまいます。それを見ていたメラーズが、親鳥の羽の下にそーっと手を入れて一羽とりだして、ヒヨコをコニーのてのひらに乗せてやります。コニーは自分のてのひらの上に乗っている、乗っているかいないかわからないほど、小さくて軽いヒヨコの、小枝のように細くて小さな足の裏から伝わってくるあたたかさに、思わず涙をこぼしてしまいます。「これがいのちなのだ、自分はそのあたたかさを生かされていない」と思います。

ヒヨコの小さな足の裏から伝わってくるいのちのあたたかさに感動したコニーは、逆から言えば、それだけ自分のいのちの流れをせき止められていたということです。そんなコニーの感じ方にメラーズは共感します。彼は頰を伝わるコニーの涙を見たとき、それまで忘れていた感覚に襲われて、腰のあたりがゾクゾクしてきます。

メラーズは、セックスを、人間同士の「身体の上の認識と優しいふれあい」と考えているので、女の人がめいっぱい肉体をやわらかく開いているとき、男が乱暴だったり身勝手だったり、優しくなかったりすると、そのセックスは意味をなさないし、それどころか、殺人的と言ってもいいほどむごいことだと考えています。そのセックスは暴力であって、ペニスはくちばしに、ペニスはナイフになってしまう。そんなとき、責任は男の側にあるということです。そんなメラーズのコニーに対する愛し方は、"soft, warm, tender"ということばで表現されます。コニーを愛撫《あいぶ》するときの描写には、"soft, softly, warm, warmly, tender, tenderly……"と、この三つの形容詞や副詞がふんだんに使われます。

文学作品では、ふつう、おなじことばをくり返し使うと、文学的に稚拙《ちせつ》だというふうに言われてしまうので、おなじ単語は避けて、おなじ意味のちがう単語に置き換えたりするのですが、ロレンスはそんなことにはおかまいなく、これでもか、これでもかと、この三つのことばを、まるで呪文《じゅもん》でもとなえるみたいに、くり返しくり返し使います。ですから、コニーだけでなく読んでいる読者も、ある種、催眠術にかけられたような気分になっていきます。それはすごい力です。でも、残念ながら、日本語の翻訳ではもうひとつピンときません。できたら英語で読んでみてください。わかりやすくて、美しい文章ですから。

私は、『チャタレイ夫人の恋人』のなかのメイク・ラブは、それじたい理想的なメイク・ラブのひとつとしてすばらしいと思うのですが、それは、女と男が深く共感しあったときにはじめて可能だということでしょう。メラーズは「物の世界に自分と女をさらけだすことを恐れる気持ち」からなかなか抜けだせませんが、それでもコニーとの出会いで勇気をえた彼は、その恐怖をふり捨てて、彼女といっしょに暮らすための一歩を踏みだします。二人の希望は、将来、農場で暮らすことです。おたがいの離婚を待ちながら、二人はべつべつに住んで、おたがいに「貞潔」を大事にします。

男のなかのペニス信仰を超えられるか

しかし、最近、彼の作品を読みなおしてみて、ロレンスは、たしかに、ケイト・ミレットが『性の政治学』（自由国民社）のなかで指摘しているとおり、修正ファロス（男根）主義もいいところだと感じます。彼はこの小説の前後にもいろいろと作品を書いているのですが、そこでは、オレは男だ、女よ、ペニスのまえに頭をさげろ、という感じになっています。ペニスが神様のようです。ペニスが自分の存在基盤のすべてを覆《おお》っている男、そういう男の意識はまさに男根主義的で、それを、東西の文芸批評家たちは、「彼が結核で女に負けそうだから、そういう考えになった」みたいに言うことが多かったのですが、私にはどうもそういうレベルの問題ではないように思えます。それは、男の無意識のなかに巣くっているもので、それをロレンスがあぶり出してきたにすぎません。それにしても、男たちは女を「母性」に閉じこめたいばかりに、自分たちもいつまでもペニス信仰によりすがらざるをえなくなったわけですから、女性を「母性」信仰から解放し、自分たちもまたペニス信仰から解放されたほうがいいのではないかと思います。

この物質文明を謳歌《おうか》する男爵クリフォードと対照的に描かれているはずの森番メラーズもまた、修正ファロス主義でしかないとしたら、それは残念なことですが、それでもいまの日本の新しい男と言われる人たちは、やっとメラーズが考えていたような地点に到達したところではないでしょうか。だから、コニーが小さなヒヨコのいのちをいとおしんだように、相手のいのちをもいとおしみたい、いのちそのものをいとおしみたい、少なくともそういう願望をいだける段階にきたのではないでしょうか。ただ、メラーズがそうだったように、男のなかにあるペニス信仰と、「おれは男だ！」みたいな部分と、これから男たちはどう闘っていくのか、それが男たちのこれからの大きな課題になるのではないかと思います。ただの文明批判で終わらせないで、男も女も自分のなかの内面化された男文化と向きあうとき、そこから、はじめて新しい女と男との関係がはじまるんじゃないか、そんな気がしています。

セックスレス現象は男のペニス幻想からの解放

最近、セックスしないカップルが増えているとか、セックスしない男の人が増えているとかいうのをよく耳にします。それは、もうそういうかたちで人とかかわろうとしない、あるいは、かかわれなくなっているからだと言う人がいます。でも、私はそうは思いません。そうではなくて、男たちが、征服による占拠・占領といった支配的な男女関係のセクシュアリティから一歩抜けだして、自然体になってきたのではないかと思うのです。

人間同士の対等な関係がもてるようになったとき、もしかしたらセックスはそれほど必要でなくなるのかもしれない。男がペニスを、「男らしさ」を誇示したり力をためしたりする道具としてではなく、またたんなる快楽の道具としてでもなく、相手との慈しみあいの延長で使うようになったとき、セックスの仕方そのものも変わってくるはずです。

セックスレスの男の人が増えているのは、自然の喪失だと言う人もいますが、でも、「自然」というのは、私にとってはいつもカッコつきで、それは、もう「文化」なんです。いままで「自然」と言われていたのは、刷りこみであり、思いこみであり、習慣でもあるんですね。だから、いまは、古い「自然」が死んで、新しい「自然」、すなわち文化ができかかっている過渡期なんじゃないか。ペニス幻想が、いままでの男の性をつくってきたのであれば、いま、そのペニス幻想が意味をなさなくなってきて、男の人は、もしかしたら「男らしさ」から少しずつ自由になって、自然体になりつつあるんじゃないか。すなわち、「男らしさ」という画一的な社会規範ではなくて、「自分らしさ」という、より自由な状態に移行しつつあるのではないか。私はそういう解釈をしています。

また一方で、いまのように世界的規模で人口が増えている時代には、人間は直観的にそれこそ自然の摂理で、いわゆる生殖にとらわれた性から離れていくのではないか。すなわち社会のニーズによって、人のセクシュアリティのあり方も変わるということです。そしてまた、人口が少なくなったときには、それに対応してセクシュアリティも変わるという、そういう大きな波のなかのひとつの流れとして考えることもできます。

「エロス」というものの解釈にしても、男と女が引きあう壮大な……、みたいな幻想やイメージがつくられてきたところもありますが、それとはちがって、コニーがてのひらで感じた、ヒヨコの足の裏から伝わるあたたかさそのもの、という考え方もできます。また、自分のなかにも相手のなかにも通底して流れている不思議ないのちへの共感、それをエロスと言っていいのではないでしょうか。

それは、人間だけじゃなくて、動物や植物をもふくめたいのちそのものに対するいとおしみなんでしょうね。性の衰退という言い方もされますが、私は、そんなふうには思いません。自分をまだ信じているから。私は、自分のいのちがちゃんと燃えていると思っているから。そして、私ひとりだけが燃えているはずはないと思うから。きっとほかの人もそうだろう、と。ただ、古いタイプのセクシュアリティが用をなさなくなりつつあるだけのことだと。

第五章　抑圧のファミリー・チェーンをどう断ち切るか

男社会の代理執行人（主婦）がつくりだす軍隊組織の家庭版

いま、専業主婦の人たちを見ていると、なんであんなに教育熱心になっちゃうのかなと不思議に思います。ただ、私なりの見方をすれば、その熱心さは母親という役割を全うするために、夢も自分の人生もあきらめてしまった人たちの抑圧の裏返しに見えます。自分を育てるかわりに、そのエネルギーを、子育てに向けるしかない人たち特有の教育熱心さではないでしょうか。自分の心のなかをしっかり見据えて人生設計をしたり、そのための自分育てをしたりするより、人を仕込んだり、人を変えることに血道を上げたりするほうがたやすいし、ラクですからね。自分育てを忘れてしまっている人ほど、相手を過剰に支配してしまっても不思議はないのです。

一般に子どものしつけをまかされているのは母親です。ですから、母親は、夫から、

〝おい、子どもをあしろ、こうしろ〟と言われて、子どもたちをきびしくしつけるわけです。すると、父親は、しつけられて泣いたりすねたりしている子どもを見て、「おお、かわいそうに、かわいそうに、そうかそうか、うんうん、おまえがいい子になれば、母さんは怒らないんだよ」とかなんとか言って、慰め役《なぐさ》、つまり自分だけがいい役を演じたりします。

小さい子は、慰めてくれる人がやさしい人だと思うじゃないですか。自分を叱《しか》りつけている母親は、いつも怒ってばかりいる怖い人という損な役回りになってしまいます。こういうカラクリがあるにもかかわらず、私の母も、結婚して母親になったら、自分が憎んでいた母親とおなじ役回りを引きうけることになりました。きびしくされたから母親をきらいになったのに、自分もまた、自分の母親がしたのとおなじことを娘に対してしてするはめになる。むしろ母親から受けた仕打ちへの恨みを自分の子に晴らしているかのように。因果はめぐる。この報復の環《わ》は、やっぱり、意識的に、知的に断ち切るべきなのです。

どこの家庭のなかにもこういう構造ってあるんじゃないですか。夫が妻に、子どものしつけをああしろ、こうしろと言う。あるいは、社会が、マスコミが、子どもはこういうふうに育てるもんだ、しつけるもんだと言う。近所の人たちもみんな、いろんなことを言う。そうすると、養われている立場の女は、人の意見とちがうことができない。夫の意見とちがうことができない。逆らったら、いさかいになる。あるいは、追い出されるかもしれない。愛されなくなるかもしれない。そうしたら、やっぱり、世間や養ってくれている夫の言うことを聞かざるをえないですよね。

これまでの男社会では、女の人は自分がなんとかサバイブする（生き残る）ために、男社会の価値観をそっくりとりこんで内面化していくしかなかった。というか、必死で生きようとする女ほど、賢い女とか、よくできた人ねと言われるように、男のものの考え方を学んで、それを自分のものにしてきた。それが知的なことだと思わされてきたのです。男社会の優等生たち、いわゆる良妻賢母と称される人たちはみんなそうです。女は男社会に順応し、その価値観を受け入れて、みんなその価値観の代理執行人になっていく。家庭のなかで男が黙って鷹揚《おうよう》にかまえていられるように、いちばんの憎まれ役を女が担《にな》うわけです。

ドレイ商人の最上部に立っている男は紳士で、いちばんやさしげです。自分が直接、手をくださなくても、自分の代理執行人がいじめたり、締めあげたりしてくれますから。ドレイ頭である父親は、いじめられている子どもに、「おまえ、もう少し母さんの言うことをきいていれば、そんなに怒られなくてすんだのに」なんて、ことばのアメをやったりする。これは軍隊とおなじですよ。伍長《ごちょう》なんかがいちばんきびしくて、将校になると、もう鷹揚にかまえている。さすが上官だということで人格がたもてるわけです。下っぱの男ほどイライラしているので、いばり方もえげつなくなるし、なりふりかまわなくなります。

だから、家庭も軍隊とおなじ。夫が将校で、妻が鬼伍長。いまの教育ママは、大学にまで行って男性中心の価値観を身につけた優等生ですから、熱心な教育ママほど、男のものの考え方を代弁し、代理執行していくんですね。だからこそ、男は安心して会社に行って、子どもの教育をぜんぶ妻にまかせてすずしい顔をしていられる。なにか起こると、自分がなにも言わなくても社会が率先して〝母親が悪い〟ということにしてくれる。ときには、母親に叱られている子どもを見て、「母さん、もう少し手をゆるめておやりよ」とか言って、いいとこを見せてればいい。

そういった軍隊のような仕組みが、そのままいまの家庭にもあります。たとえ父親不在でも、母親が男社会の価値観の代理執行人として、しっかり父親の役目をはたしていれば万々歳。まさに家庭こそ、父権制的メンタリティを純粋培養している悪の温床だと私は見ています。ですから、そういうことに無自覚であれば、母親たちはそこでまた、女を抑圧するような子どもたちを再生産していくことになるわけです。

家のなかのことは隠蔽《いんぺい》されています。いまはDV（ドメスティック・バイオレンス＝家庭内暴力）防止法や児童虐待《ぎゃくたい》防止法ができて、夫が妻に暴力をふるえば犯罪になりますし、親が子を虐待すれば犯罪になります。でもちょっとまえまでは家庭というのは治外法権でしたから、夫が妻子に暴力をふるっても、ふつう警察はきませんでした。夫がいくら妻に暴力をふるっても、〝夫婦ゲンカ〟の一言で片づけられてしまったのとおなじで、母親が愛の名において、しつけの名において、子どもを折檻《せっかん》したり、子どもに暴力をふるったり、心理的ないじめをやったりしていても、外から見たら、〝きびしい親〟だとか、〝親のしつけ〟だとかいうことで片づけられて、だれも外から子どもを助けにきてくれませんでした。その隠蔽された空間で、抑圧の連鎖がつくられているのです。いまも、いくら法律ができたからといって、やはり家庭内にはなかなか外からの光が届かなくて、表面に出ていないDVや児童虐待がたくさんあるはずです。大家族の場合はいろいろな意味でテンションが分散されますが、いまのような核家族ですと、行きつくところまで行ってしまいます。

学校でのいじめの問題も、もちろん、学校が悪い、社会が悪いということはあるにしても、やはりいま、いちばん子どもの身近にいる母親が人間として抑圧されている、という問題を見落としてはいけないと思います。

いったい、妻（女）と夫（男）との関係がどうなっているのか、それがいちばん問題なんじゃないですか。家庭に取り残された女がどういう思いで日々暮らしているか。家事や育児をしない男への不満や人生への不満が、そのまま子どもを直撃するからです。直撃された子どもの思いは、親には返せませんから、自分にこもらせるか、自分をいじめるか、自分より弱いものをいじめるか、それしかないのです。からだが大きくなって親に返せるようになったとき家庭内暴力がはじまります。

家庭のなかはバイ菌ウヨウヨです。平和運動をやるのも結構、ボランティア活動をやるのも大いに結構。でも、ほんとうに戦争をなくしたかったら、人の心をつくる家庭のなかからこの軍隊の構造をなくしていくこと、家庭のなかの民主化をはかること、すなわち、夫が妻を鬼伍長にするような関係を変えていくことも同時進行で行われたほうがいいかと思います。

しつけとは、愛の名において なされるいじめ

このように考えると、いま専業主婦をやっている人たちが、ほんとうにやさしい愛

で子どもを育《はぐく》める人たちかというのは、クエスチョン・マークではないでしょうか。やさしさでやってるつもりが、イライラと憎しみを隠した猫なで声だったりして。だいたい、母親自身が自分の世界を楽しめない状況に置かれていて、しかも、自立体験もないわけですから、子どもの自立も自律性も信じられるはずがありません。だから、子どもをほうっておけない、やたらに心配する。自分が信じられないから、子どもも信じられない。不安で見ていられない。ああだこうだと、一挙手一投足、手とり足とり世話をして、いつもなにかひとこと言わないと気がすまない。こうるさい。じっとしていられない。結局、子どもをまるごとかかえこめば安心できると錯覚してしまう。

この社会で、女が子どもを自分のなかに〝とりこんで〟しまうのは、ひとつには、女には子どもしかないからです。子どもというのは、唯一《ゆいいつ》、自分が産んで自分のからだから出た自分のものだ、という意識があるから、〝とりこむ〟を通りすぎて、なにかと子どもに〝とりすがって〟しまう。

そこまで女は追いこまれていると思うんです。でも、すがればすがるほど、子どもの教育はうまくいかないし、子どもにも疎《うと》ましがられるし、女は立つ瀬がありません。ですから、せめて親を疎ましがらない子どもに育てようとするのでしょうが、親を疎ましがらないような子は、結局、自立しそこねて骨抜きにされてしまう。ここにもまた、抑圧された自我をかかえた人間がひとり誕生することになるのです。

人として生きされていない人ほど、その愛は支配になります。人をそっくりのみこまないと気がすまないというか、食っても食っても食いたりないようなものがあるからです。自分の人生をめいっぱい生きされていない人は人をいじめなきゃ自分が生きられない。そういう人のしつけがいじめになってしまうことがあるように思います。愛の名においてなされるしつけが、愛という名の支配になってしまっているんです。どこかで気持ちの流れを変えないかぎり、このいじめの構造は、愛の名に隠れて生きつづけることになります。

ギリギリに巻かれた抑圧のゼンマイを恋愛でゆるめる

ある時期まで、私は女の人を嫌っていました。それは、私自身が女である自分を好きになれなかったからです。親から「女らしくしなさい」と言われ、世間からも暗黙のプレッシャーを受けて、自分が「女らしく」なろうと努力すればするほど、小さく卑屈に、窮屈になっていく自分を感じました。だんだん自意識過剰になって、一挙手一投足がギクシャクするようになりました。「女らしさ」からはずれそうになる私は、「あれしちゃいけない。これ言っちゃいけない」と、自分のなかに住みついた母の声や世間の目に絶えず監視され、チェックされて、「ああ、また女らしくふるまえなかった」と、日々、夜も眠れないほど苦しい思いをしました。その意味で、私はある時期までほんとうに優等生だったんだと思います。

こうして抑圧された自我って、ダルマさんみたいなものなんです。手もなければ足もない。目は人に描いてもらいます。口は〝もの言えばくちびる寒し〟ですから、もうなにも言えません。言いたいことを言うと、生意気だって怒られるので、思いきってなにか言おうとするときは、思いが高じて、すぐ涙声になってしまいます。いつもは言うことを聞いてもらえないから、たまに聞いてもらえると思ったとたん、あせるし、うれしさもあって、支離滅裂《しりめつれつ》になってしまうのです。

このように子どものころ、母との関係で抑圧された私の自我は、ダルマさんになったまま、私のなかであとあとまでずーっとくすぶりつづけていきます。二十代、三十代と……。

それでも、いつのころからか私は、自分はなにかおかしい、なんだか自由になれない、自分が自分ではない、手足を折りたたまれている、ということに気づいていきました。それで、自由になりたい、そのためには自分を変えなければと、私なりにいろんな努力をすることになります。

私は、十代の後半から現在にいたるまで恋ばかりしていました。なぜ私が恋愛で彷徨《ほうこう》しなければならなかったのか。いろんな理由がありますが、いまから考えてみると、ひとつには自分のなかのなにがなんだかよくわからない苦しみに出口を与えたかった、あるいは、目鼻をつけてやりたかった、ということと無関係ではないような気がします。自分のなかの不自由な部分を解放してやりたかった。言い方を換えると、ギリギリに巻かれた抑圧というゼンマイをゆるめたかった、ということでしょうか。リラックスしたかった、自分になりたかった、自分という人間の手触りがほしかった、そういうことだろうと思います。

なぜ自分を知ることにそれほど必死だったかというと、自分がこうしたい、こうありたいと思っても、その方向に行けなかったからなんです。なにかよくわからないけれど、私のなかで足を引っぱるものがある。「なんでこんな男を」と思いながら、その男に惹《ひ》かれていく。「なんだ、こんなくだらないこと」と思いながら、そのことにこだわる。なんでだろう？　私はこっちに行きたいのに、あっちへ行ってしまう。あっちへ行きたいのに、こっちに来てしまう。好きな人になればなるほど素直に自分の気持ちを言えないとか、あるいは、ある状況になるといつも決まりきった反応をしてケンカになってしまうとか、なにか、自分の気持ちのもち方に、いつも似たようなパターンがくり返されることに気づきました。なぜなんだろう？　どうして私はこういうふうになるんだろうと苦しみながら、いぶかりながら恋愛を重ねていったのです。恋愛を生きることが、結果としては自分を見つめること、自分を知ることの貴重な手段になっていたんですね。

恋愛という
愛と憎しみの代理戦争

なかでも、十数年まえに終わった恋愛がいちばん劇的でした。いまから考えてみれば、いま、私がここにこうしてあるために、なくてはならなかった恋愛という意味で、私はそれを宿命的恋愛とも呼んでいます。

この宿命的恋愛をすると、人は、究極的には相手に殺意を抱くのではないかと思います。同時に、相手も私に対して殺意を抱きます。これはどういう恋愛かというと、いわば「代理戦争」なんですね。恋愛をしていて、相手に対する思い入れが深ければ深いほど、相手は、自分にとって過去においていちばん近しい人にちかづいていく。過去においていちばん自分に近しい人というのは、たとえば、父であり母であり、また、私の場合は弟になります。だれもみんななつかしい人たちばかりです。

その人たちと結んだ関係がよくて楽しいものであったなら問題はないかもしれません。でも、たとえば、いつも両親に殴られっぱなしで大人になってしまったとか、お姉さんにいじめられっぱなしで大人になってしまったとか、自分でもよく理解できない恐怖だとか恨みだとか屈辱感だとか、それをそのままにして大人になってしまった場合が問題です。人はその記憶そのものは忘れていても、そういった体験は強烈なので、ときにはトラウマとなって心のなかに深く根をはり、その実体が白日の世界にさらけだされるまで、影のようにその人の人生につきまとうのではないでしょうか。そして、意識ではコントロールできないような状況がつくりだされていきます。大人になってから無意識のうちにそういう過去を再現し、人生のどこかでそのシーンを生きてしまう。人を殺した人がかならず殺害現場にもどる、と言われる心境と、どこか似ているかもしれません。

人は、過去において自分がなにをしたのかされたのか、恐怖や屈辱の体験の実体を知りたいのだと思います。それによって、自分がどういう成り立ちの人間か知りたいのだと思います。ですから、恋愛で相手を選ぶ場合も、無意識のうちにその目的にふさわしい相手を選んでいるのかもしれません。

恋愛のなかで、もう一度、過去とおなじ状況下に自分を置くことで、自分を抑圧した人の気持ちを、また、そのときの自分の気持ちを知ろうとするのではないでしょうか。そういう場合、相手はどこかなつかしい感じの人だったりします。こうして、無意識のうちに、恋愛の相手を、過去において自分が闘ってしかるべき相手に見たてて闘うという代理戦争がおこなわれることになります。

「ああ、そうか、私はこの男をとおして、じつは自分の母親と闘っていたんだ」とわかったとき、私は、大きく納得して、その恋愛に終止符が打てました。その人に対するこだわりがふっきれたのです。彼とかかわっている過程で、とても苦しくて、なぜこの男を選んだのか、どうしてこの男と闘っているのか、くり返し問いつづけているうちに、その男の愛し方が、じつは私の母のそれとよく似ていたこと、もっと言うと、その男の私に対する抑圧が、母の私に課した抑圧とおなじ質のものだったことに気づいたのです。そうか、私はこの男を〝仮想敵〟にしていたんだ、この男と闘うことは、私にとって、母から受けていた抑圧から解放されるためのひとつの手段だったんだ、とわかったとき、彼とつきあいはじめてすでに五年がたっていました。

恋愛においては、その生活のなかでひじょうに具体的に過去が再現されます。親密さが、幼児期への退行現象をも引きおこします。過去へのなつかしさが相手に対する恋情になっているのではないかとさえ思うほどです。いわばデジャビュ（既視感）体験ですね。私という個体が相手を誘発して、そういう状況にもっていくのかもしれません。

男は女より「身分」が高いから、こちらに対する愛とか恋とかいうものが、女をとりこむ、所有するというかたちで、イコール抑圧になることがあります。そのとき、男は、私に命令する人、管理する人としてたちあらわれます。私は、その男に立ち向かいます。子どものころの私は、こわくて母に立ち向かえませんでした。彼に立ち向かうことで、私はかつて母との関係で失っていた自分を取りもどせたのです。

こうして彼と闘うことで、ほんとうは母と闘って解決しなければならなかった問題を、その男をとおして解決していくことになります。私の場合、恋愛がそういう「代理戦争」にもなっていたわけです。憎しみと愛、敵と味方が裏腹の、長い闘いでした。二人は、外に向かったときには味方同士になれたけれど、二人で向かいあったときには食うか食われるかの熾烈《しれつ》な闘いをしました。自分が殴った相手をかき抱くような、またかき抱かれるような、そういった愛だったように思います。

自立した男と女にあらわれるピュアな力関係

気がついたら相手の男のなかに母を見て闘っていたという私の、その恋愛の相手はイギリス人で、バティーク（ろうによる染色アート）のアーティストでした。私がイギリスに二度目の留学をしているときに知りあいました。

イギリスは日本よりもフェミニズムが浸透しているせいもありますが、それよりもなによりも、ロビンソン・クルーソーを生んだお国柄でもありますから、彼は自分のことはぜんぶ自分でやっていました。掃除・炊事・洗濯はもちろんのこと、冷蔵庫のなかになにがあるかないかもきちんと見て、下手なりに料理のレパートリーもあるし、台所は定期的に模様がえしたり、食器や家具なども自分の好みでとりそろえたりしていました。壁塗りもやれば、カーテンも替えます。ロールスクリーンに自分で絵を描いたりもします。もちろん、自分の洋服はぜんぶ自分でコーディネートします。それに加えて、彼はまえにいっしょに住んでいた女性とのあいだに生まれた男の子を育てていました。その彼女はおなじ家の三階に住んでいて、昼間は働きに出ます。そこで、職業がら家にいることの多い彼が、学校から帰ってきた息子の面倒を見ます。ですから、自立度で言えば、そのへんの、ちょっと家事を手伝うなんていう男とはレベルがちがうんです。

ところが、彼も私も生活的にも経済的にも自立していて、いわゆる「男はパンツを(洗え)、女はパンを(稼げ)」式の問題はほぼ解決されていたからこそ、二人のあいだには、かえってもっとピュアなかたちで、男と女の力関係というものがはっきり露出してくることになりました。

彼は彼の思うように生きたい。私は私の思うように生きたい。芝居ひとつ観《み》るにしても、彼は自分の選んだものに行きたい。私も自分の選んだものに行きたい。だったら、べつべつに行けばいいと言われても、そこは、離れがたい。いっしょに行きたい。じゃあ、べつの日にも行って、両方、観ることにすれば、ということにしても、こんどは金がない、時間がない。芝居ひとつ決めるにも大変です。

ふつうだったら、そんなとき、どちらかがちょっとゆずればすんだかもしれません。日本の男性だったら、あっさりゆずってくれるかもしれません。そして、私もほかの人との場合なら、そうできたかもしれません。でも、どういうわけか、彼との場合は、そうはいかなかったんです。そこをゆずったら終わり、というところがありました。闘うことで均衡《きんこう》を保ってきた二人の関係がその意味をなくす、ということです。

彼は、私の部屋のカーテンの色から、私の着る洋服、食べ物まで彼の意見でとりしきろうとしました。私たちは基本的にはモノの考え方は一致していましたが、それでも好みにはそれぞれちがいがあります。

私が一人で出歩いたり、友人と会ったりすることも、彼はあまり好意的にはとりませんでした。むかしの私だったら、それを愛だと勘ちがいしたかもしれません。たしかに愛なのですが、でも、当時の私には拘束と感じられるほうが多かったように思います。それで、すぐケンカになります。

こういうこともありました。自分の部屋で仕事をしていると、彼がとつぜんはいってくる。ノックしてからはいってきてと言っても、彼は、会いたくなったからと、わざと、意地になってノックしないではいってくる。「君が恋しいから」という言い方で、その身勝手さを愛の名において正当化しようとする。私にすれば、そのあとの時間は使いものにならなくなります。集中力をとりもどすまでに時間がかかるからです。私は、自分の仕事の区切りがついていても、相手が夢中で仕事しているなと思えばじゃましません。でも彼は、「愛していればいい」みたいなところがあって、私の仕事には敬意を払おうとはしないのです。

明らかにそこには女性蔑視《べっし》があります。また、私がなにかに熱中するのをいやがります。そこでは、彼の甘えが支配になっています。

ふつう女の人は、男の人のそういうところを喜ぶように期待されているのかもしれませんが、私は喜べなかったのです。私は自分の生活を守りたい。自分の時間を確保したい。彼といる時間とおなじぐらい、自分ひとりでいる時間が好きでした。それなのに、男は、自分の気持ちの高ぶるままに行為に出ることが美しいことであり、それが愛でもあるかのように錯覚して、わがままや支配を愛にすりかえてくるように思えます。

お互いにわがままをしたり、甘えあったり、侵しあったりすることさえも恋人同士のあいだでは許されているし、それが愛だし、だからこそ恋人なのですが、でも、それが一方的になって、一方だけがいつも我慢しなければならないような状況になったら、なぜいっしょにいなければならないのかわからなくなります。私の大事なものを大事だと認めてくれるような対等な関係でなければ、私のほうの生活が成りたちません。子どものころ、自分だけの家がほしいと思ったことを思いだしました。私は自衛のために、外に仕事用の部屋を借りました。でも、とても不便でした。自分の家で思いのたけ自分の世界を生きたい、時間と空間を思いっきり自分のものにしたい、そのとき、つくづくそう思いました。

〈拙著『ヒロインは、なぜ殺されるのか』〈講談社＋α文庫〉で映画「存在の耐えられない軽さ」について書いたところも、参考にお読みください〉

抑圧のコアは相手をピンで刺しとめるような支配力

彼との生活のなかで、どうしてそういう一見ささいなことにまで、ビンビン反応したのかというと、それは私が自分のなかで過去の抑圧を追体験していたからなんだと思います。ちょっとしたことでも彼が私を牛耳ろうとすると、私はそれに敏感に反応しました。理屈ぬきで生理的に拒否反応を示しました。それまで我慢していたエネルギーがそっくりよみがえった感じでした。愛の名においてなされる、彼の私に対する言動のひとつひとつが、無意識の領域に沈んでいる過去の抑圧の体験に呼応し、それを刺激するたぐいのものだったからこそ、私は彼にゆずれなかったし、彼の支配が許せなかったのだと思います。その抑圧のコア〈核〉は、意志の力によって相手をピンでとめてしまうというか、目に見えない細い針で相手を刺しとおして、そこにとめてしまうような支配力といったものです。たとえば、針でとめられたちょうちょはいくらバタバタしても逃げられない。目に見えない針を刺されて神経が損傷をうけている。そういったものです。

彼のそういう目に見えない針にふりまわされたのは、私にそれを感じとれる資質や体験の蓄積があったからです。私の側に抑圧に敏感に反応する因子がなかったら、また私が彼を愛していなかったら、そんなもの屁《へ》とも思わなかったはずですし、鷹揚にかまえて、笑ってすませたかもしれません。自分にぐあいが悪かったら、平気で相手を振り捨てたかもしれません。けれども、その資質があったから、私は磁石のようにそのピンを誘ってしまったのだと思います。

一方、彼は彼で、ただ男だからというだけではなく、私をちょうちょのようにピンでとめざるをえないものを、心のなかにかかえもっていました。私を支配しようとすればするほど、彼は自己嫌悪《けんお》にかられて憔悴《しょうすい》していきました。私が「もういい！」とばかり下手に妥協しようとすると、彼は私を嫌いました。

彼が私を抑圧せずにはいられなかった内的衝動は、やはり彼の生い立ちともかかわっていたようです。私は彼のなかに自分の母親を見ていたわけですが、じつは彼もまた、私のなかに自分の母親を見ていたことがあとでわかりました。ですから、女と男でありながら、それぞれが子ども時代から解決されないままかかえこんでいた問題を、相手との関係のなかで再現し、追体験し、そうすることによって、自分を修復しようとしていたことがわかります。私の場合は、たまたま恋愛関係のなかでのことでしたが、これが場合によっては、上司と部下との関係に投影されることもあるでしょうし、そのあらわれ方はさまざまだと思います。

こうやって、未解決なままの母と娘との関係、あるいは母と息子との関係は、そのあとにつづくさまざまな他人との親密な関係のなかにつぎつぎと黒子のように出てきて、その関係をあやつることになります。

因果はめぐる。ファミリー・チェーンなんですね、抑圧というのは。人はどこかで対象を見つけて、自分の過去をもう一度そこに投影して生きなおしてみたくなる。「狙《ねら》った相手は離さない」みたいに、ただ相手にこだわっているように見えることもあるけれど、それは相手にこだわるというより、自分にこだわっているのではないか。自分と相手との関係に、過去において中断した、しかも、幼いがゆえにまったく受け身で、対等に立ち向かえなかっただれかとの関係を投影して、その行きつく先を見ようとするのです。そういうカラクリが見えてきたとき、私は彼のひどい仕打ちを許すことができた気がします。そして距離をおいて冷静に彼との関係が考えられるようになったとき安心して別れることができました。相手はなにか戦友といった感じになって、その人とはいつまでも大変いい友だちでいられるようになりました。

四十六歳にしてはじめて断ち切れた母の呪縛《じゅばく》

一方、こうして彼と闘うことで、私は母に対して対等に自己主張できるように自分を鍛えていった感じがします。そこへ行くまでは、もうほんとうに苦しみました。自分が自分でなくて、手と足と頭がバラバラみたいで、人生にもちっとも焦点が合わなくて。それがからだに出て、不調がつづきました。彼との、いわゆる〝恋愛〟が終わり、自分なりに納得できて、そこからスポッと抜けたのは、四十六歳のときです。

その四十六歳以降、女の人全体に嫌悪感を抱くようなことはなくなりました。女の人を信じられるようになりました。それは、私が母と和解したからです。母と和解したというのは、なにも握手して、「やあ、お母さん、じゃあ、いっしょにやりましょう」なんて、そんなんじゃありません。母のことを、自分とおなじように抑圧を受けて苦しんできたひとりの女として、腹の底から理解できたからなんです。

どうして私の家に来てまで、カーテンの開け方から茶碗《ちゃわん》の置き場所までとやかく言うのだろう、どうして〝私は〟と言わないで、〝世間は〟と言うのだろう、どうして私をあんなに牛耳って、ダルマにしてしまったのだろう、どうして父親が死んだら、急にものわかりがよくなってきたのだろう、そういったことのすべてが私なりに理解できたからなんです。

それまでも、母の言うことはききませんでしたし、母には文句も言いましたが、それでも私は、四十歳過ぎるくらいまで、母に対して正面きって反対をとなえることができませんでした。いまの若い人は、「お母さん、そんなこと言ったって無理でしょう」なんて、友だちみたいに言いますよね。でも、うちの母はなにせムチをもっていた人ですから、私は飼いならされたライオンかヒョウのように、もうムチを見ただけで、「ウーッ」とうなりはしても、条件反射的に「ハー」とひれふすようなところがあったんです。母がなにか要求を出したり、私のすることに反対をとなえたりしたとき、母の声音を聞いただけで、いくらイヤでも、どこかで「ハー」となってしまう。そこを変えるのは、ほんとうに大変でした。母に対して反対意見を言うときには、まず涙ぐんでしまう。先に感情が出てしまって、ものが言えなくなるのです。それはうまくいかない恋人との関係に似ていました。

彼との恋愛があって私自身いろんな体験をしているころ、母が、私の決断に対して、〝そんなバカなことを言っていると、世間がうんぬん〟みたいなことを言って真っ向から反対したことがありました。そのとき、生まれてはじめて、私は言えたんです。「お母さん、これは私の問題だから、私が決めたことだから、ほうっておいて」って。

私は、母の〝世間がうんぬん〟という言い方が虫唾《むしず》が走るほどきらいでした。母が世間体をもちだして、私をコントロールするのを卑劣だと思っていました。なんで〝自分は〟と、自分の責任でモノが言えないのか、トラの威《い》を借るキツネじゃないか、と。でも、それまでの私は、母のそのことばに負けてきました。母に遠隔操作されていたわけです。けれども、そのひとことが言えたとき、なんだかそこからフーッと抜けだせたんです。やっと母の呪縛から逃れて、自己決定権を手に入れたのです。母もばかではないですから、それ以後は、「あっ、もうムチはふるえない」と思ったのでしょう、ずいぶん変わりました。母の私への支配もぎりぎりのところにきていたんでしょうね。

私が、泣いたり笑ったりではなくて、きちんと自分の意見を言えるようになったときに、母はふり上げたムチをおろしました。そのとき以来、気持ちのうえでも、いろんな意味でも、母とは対等につきあえるようになりました。対等に話もできるようになりました。そうしたら、いままで見えていなかった母の人間としてのいろいろな面が見えるようになったのです。

自分の不幸のパターンを超えるためのセラピー

女の人が解放されたかったら、あるいは、夫や子どもとの関係をよくしたかったら、やっぱり、自分を育ててくれた親と自分との関係をよく知ることが大切です。それは自分を知るためのとても大切なプロセスだと思います。私たちが自信に満ちて、しかも、謙虚に明るく生きるためには、ありのままの自分を受け入れることです。しょっちゅう人から慰撫《いぶ》してもらったり、精神的な献身をしてもらったりしなくても、自分で自分を受容し育てられるという状態になってはじめて、人をも許し、受け入れ、愛せるようになるのだと思います。もっともっと自分を知らなくてはいけません。自分がわかってくると、たとえば、恋愛しても、どうして自分がその人を好きになるのか、おぼろげに見当がついたりしてきます。

最初はただ人を好きになる段階があって、そのあと何度も恋愛をくり返して時間がたつうちに、人を好きになるなり方にパターンのあることに気づきだしたり、また、おなじタイプがあることに気づきだしたり、いろいろと自分のことがわかってきます。それがわからないと、恋愛の終わり方もすっきりしません。相手を恨んだり、私を捨てたと責めたり、そういうレベルで終わってしまうんじゃないでしょうか。

そういうレベルで終わってしまわないためにも、その手助けに、日本でももっとセラピーがはやってもいいと思います。いま、それがとても必要です。

身のうえ相談などを聞いたり見たりしていて思うのですが、不幸や不運をかこつ女性のなかには、不幸にならざるをえないようなパターンを生きてしまっている人がいます。いちど捨てられて、つぎに男を替えても、またおなじタイプの男を選んで、その結果、おなじたぐいの不幸をくり返してしまう。そういう事例がたくさんあります。

ふつう、恋をするとき、なぜその人に惹かれるのかはなかなかわかりにくい。でも、惹かれてしまうというのは、そこに無意識の要素がたくさんふくまれているからです。

自分が成育上どういう問題を道づれにしてしまったのか。父親や母親や兄弟・姉妹とはどういう関係だったのか。だれに、どのように育てられたか。だれとどういう関係をもっていたか。どういうことにショックを受けていたのか。どんなことに、どんな人に心やからだを傷つけられたのか。忘却のかなたに沈んでいるかもしれない過去をもういちど思いだし、そのときの気持ちを味わいなおし、大人になった自分が納得しておく必要があるのです。

そうしておかないと、過去はいつまでたっても浮かばれないので、現在の自分にくり返し立ちあらわれ、何回でもおなじ不幸を招くのです。あるいは、たとえば、親から邪険《じゃけん》に扱われた人は、なぜかわからないまま、自分が扱われたのとおなじようなやり方で、大事な恋人や子どもを邪険に扱ってしまうことがあります。

そういう人たちを見ていると、日本でもセラピーが浸透していれば、少なくともくり返しによる不幸は避けられるのに、と思います。

恋愛や結婚は、相手との関係が真剣であればあるほど、自分の成育史みたいなものがあぶり出されてくるものです。イギリスでもアメリカでも、人間関係がうまくいかないときや恋愛が終わったとき、また、離婚するときなど、かならずセラピーにかかって自己分析する人が増えています。そのたびに人は少しずつ、ちょうど自分のからだを知るように、自分の心を知っていくのです。そういう人たちは、人間に対する深い洞察力を育てています。それぞれの人たちが、自分自身に対してやさしい親であり、同時にかかりつけのカウンセラーでもあるといった感じさえします。

自分と対話し、自分を受け入れ、自分のなかに神を見つける

日本でも、「女らしさ」で小さく縮んでしまった女の人たちだけではなく、いまはむしろ、「おれは男だァ」みたいな「男らしさ」のよろいを着こんで、やわらかな自分を抑圧してしまっている男の人たちも、もっと自分を知る必要があります。セラピーにかかるのも一つの手でしょう。たとえば、離婚したときでも、恋人と別れたときでも、男の人は、自分が悪いとか自分がおかしいんじゃないかとか、あまりそういうふうには考えないんじゃないですか。「あの女め」なんていう感じで。人間関係が悪くなると、たいてい女の人のほうが自分を責めます。子どもが非行に走ると、夫はすぐ妻を責めますし、妻も「私が悪かった。パートなんかしなければよかった」と。

どういうわけか、社会的立場が弱かったり、また、抑圧された人ほど罪の意識が旺《おう》盛《せい》で、よく自分を責めます。いくら相手に殴られても、「殴られる私が悪かったんだわ」って。尽くすのが女だと、我慢するのが女の役目だと、女はそうしつけられてきているからです。尽くし方が悪いから男が浮気したとか、尽くし方が悪いからあの人

は私を殴ったとか、そういうふうになるのです。もっとひどいのは、「あの人が私を殴るのも、私を愛しているからだ」と。

女の人は、世の中にどっかり腰をすえている女性差別の構造を知らなかったし、したがって、自分の置かれた状況が不当だという意識もなかったので、ずっとそうやって我慢して、出口のない苦しみに苦しんできたのではないかと思います。苦しみを解消するために宗教に走った人もいるでしょう。ただ、仏教もキリスト教も、その原点には女性差別があります。ただでさえ抑圧された女が、女性蔑視をもった宗教にすがらなければいけないというのも皮肉な話です。

それでも、人は苦しくなると、宗教であれ哲学であれ、とにかくなにかの知恵にすがって自分をわかろうとしたり、気持ちのふんぎりをつけようとしたり、自分を慰めたりしてきました。

良妻賢母の掟《おきて》に従って生きている妻は、夫の浮気に手を焼いて、ますます良妻賢母になろうと努力するけれど、腹の虫がおさまりません。神様におすがりして、夫が浮気しないよう願をかけたり、また、一生懸命に祈って、夫に嫌われないよう自分の欠点を直し、一方で我慢の心を身につけようとしたりしてきました。

でも、これまでの話を読んでくだされば、そんなことをしたところで少しも問題は解決しないし、女は泣き寝入りするしかないということがおわかりでしょう。抜本的《ばっぽんてき》な女と男との関係構造を変えていく以外ない、甲板の上でいい思いをしている男のほうから変わることはないから、女のほうから変わっていくしかない、弱い女が自分を取りもどして、強くなって、自己主張していくしかない、自分を取りもどすためには、いまの気持ちをしっかりと受けとめるしかない、自分の過去とたっぷり対話するしかない、ということがわかっていただけると思います。

そのためには、一人ひとり自分に固有の成育条件を見つめて、自分をよく知ることが大切です。自分はなにを夢見ていたのか、自分はなにをしたかったのか、なぜ挫折《ざせつ》したのか。小さく縮んでしまった自分を解放し、自分の声を解放し、沈黙を破って語りだすことです。女であることでどんなに悔《くや》しい思いをしたか、損をしたか、また、なにが楽しかったのか。そして、外の権威ではなく、自分の心のなかの核をよりどころにすること、もっと言えば、自分のなかに神を見つけて、その声に従うべきなのです。その声をきく旅に出るべきです。

私の場合、そうやって仕事や恋愛やセラピーや友人などをとおして、自分の問題がどこにあるのかわかりはじめたとき、母親との確執からも解放されたという気がします。

その時代をしか生きられなかった母へのいとおしさ

七十歳を過ぎて私を支配するのをやめてから、母は自分でウフフッて笑うくらいおもしろいところを出してきます。一ヵ月に一度、母は沼津から東京の私の家へやってきます。私は仕事でなにかと留守をすることが多いので、母は自分なりにいろいろと息抜きをして、ときには、ほとんど私と顔を合わせないで帰ることもあります。

それなのに、なぜ来てくれるのかと聞いたことがあります。母は、ひとりになりたいから、と答えました。母は弟の家族といっしょに住んでいるんですが、家にいて、「おばあちゃん、おばあちゃん」と家族にとりまかれているのは楽しいけれど、ときおり無性にひとりでいたくなる、新幹線に乗っているのはたった一時間だけれど、車窓の風景をながめていると、子ども時代からこれまでの自分の人生の、忘れていた思いがけないことまでが思いだされて、なんとも言えない充実した時間がすごせる、と言います。

そして、母にくり返しわいてくる疑問は、「あんないい家に生まれていながら、なんで学校に行かせてもらえなかったんだろう？　おじいちゃん（母の父）はあんなにかわいがってくれたのに、なんで私に子守ばかりさせたんだろう？」ということなのだそうです。

母は、それがなぜだったのか理屈ではわかっているのでしょう。でも、心が納得していないのです。

ある日、家に帰ると、母が私の講演のテープを聴いていて、私は、驚いたことがあります。また、あるとき、帰宅して部屋の植木鉢に目をやると、そこに、母の字でなにか書いた紙がはってありました。私がよく水をやるのを忘れて、黄色い葉っぱが落ちかかっていたりすることがあるんです。見かねたんでしょう。そこに、「私は水がすきなのです。水がないとるすばんができないのです」って。母は自分が植木になったつもりで書いたんでしょうね。詩とも文章ともつかないものが書いてあって、私はびっくりしてしまいました。

母はろくに教育を受けていなかったので、結婚してから父に字の書き方やソロバンを習いました。いまは、カタカナとひらがなと漢字交じりの文章が書けます。漢字は、左右が入れ替わっていることもあります。それで、そういう詩のようなものを書いたんですね。私には、感動的なことでした。七十四歳にして母が創作文を書いたんですから。それを見て、なんだか胸がジーンとしてきたものです。

また母は、廃物利用で、いろいろなものをつくったりもします。着物をといてなにかにつくりかえたり、裏地やハギレやもらった手ぬぐいやなにかで、裏のついた小袋や、子どものもつリュックサックをつくったりして、バザーに出して表彰されたりしています。自分でくふうしていろいろなものをつくって、ときどき、おもしろいものができると、「わあ、こんなのができたよ」って見せてくれます。部屋に飾ってあるお人形さんに帽子をつくってかぶせては、ひとりでウフウフ笑ったりもしています。私はそんな母を見ていて、なんだかとてもかわいそうになります。

母が、もし、ほんとうに手に職をつけてなにかやっていたら、やる気のある人だし、頭も悪くないし、鈍感な人ではないから、きっとそれなりに自分の世界をつくって、自分を、そして、もっとたくさんの人をも喜ばせていただろうと思うからです。母の人生を思うと、とても惜しい気がします。母自身しょっちゅう言います。「女は損だね」「お母さんだって、子守ばっかりさせられていないで、ちゃんと学校へ行かせてもらってたらねえ、いまごろは……」って。七十四歳になっても、まだあきらめきれないんですね。

気持ちが生き生きした人で、心に清水がサラサラ流れている感じがします。ですけれど、なにしろ長わずらいをしましたから、外に出ていって、ものを習うとかなにかするとかいうことがなかなかできません。もう、腰も曲がりかけています。外見の老いと、気持ちの若さというか、サラサラ流れている清水の部分が共存しているのを見るとヘンな気がします。世間で老人と言われている人たちだって、外見は年齢相応に見えても、心のなかには清水がサラサラ流れている人たちがいっぱいいるんだろうな、と思うと、「老人」とか「年寄り」とかいったことば、なんとかならないものかな、と思います。

「どうしてお母さんだけ茶碗のおしり、なでてなきゃいけないの」と言っていた母は、いまもって「女は損だね」と言っています。病気が治ったあと、商人の妻としててんてこ舞いしてここまできてしまいました。結局、いまになってみると、母の楽しみは、くふうして料理をつくることであり、悲しいときや精神を集中したいときには、裁縫をしたりすることしかないということなんですね。母は、なにかを縫うことがとても好きです。精神が集中できて、心を慰めてくれるから、と。でも、母は言います。「女は損だね、これしかないんだからね」って。母の時代には、生きのびるためには女の役割としてあてがわれたもののなかに楽しみを見つけて、適応していく以外なかったということなんですね。それだけだったんだって、そう言うんです。

私を抑圧から解き放った私の〝フェミニズム〟

母から、世間から、「女らしくせよ」と抑圧され、その抑圧から解放されたくて闘いつづけているうちに、気がついたら私の人生の半分が終わっていました。その闘いの途中で、私は、自分なりに自分のフェミニズムをつくってきました。私自身が自分の不自由さから解き放たれる過程で、自分なりに納得できるフェミニズムをつくってきたということです。経済的自立とか生活的自立とかいったものは、人が「人間」になるための、「自分」になるための基本的な条件であることがとてもよくわかりました。

それを踏まえたうえでさらに、私にとってのフェミニズムは、私が女であるがゆえに受けてきたさまざまな抑圧や屈辱から私自身を解放するために必要な考え方だったということです。ですから、私にとってそれは勉強して身につけるというものではなくて、自分がラクになるために、腹の底からしぼりだしてきたもののような気がしています。

あくまで「私」が先であって、フェミニズムが先ではありません。〝「私」がフェミニズムを生きる〟のではなく、「私」を生きるにあたって、役に立つからフェミニズムを使っているのです。私のフェミニズムは、私のフェミニズムです。そう、田嶋陽子のフェミニズムでしかありません。でも、この洋服が窮屈になったら、私は脱ぎます。フェミニズムが私に悪さをするんなら、さよならします。でも、私のフェミニズムは自分の骨身から生まれたものですから、時代が変わって呼び方が変わっても、その精神は私のなかで生きていくだろうと、そういう感じなんですね。

フェミニズムの理論は大切ですが、その理論だけに頼っていたら、女たちがかつて亭主に頼っていたのとおなじことになります。フェミニズムの優等生になる必要はありません。自分にとってなにが大切か、なにがほしいのか、もっと自分の頭で考えないと、また自分が死んでしまいます。理論のまえにまず「私」が先にこなくては。差別の構造がよくわかったら、納得いったら、それで少しラクになったら、それを応用して思いっきり自分の人生を生きてください。

私は、なにが正しいとか正しくないとかは言えないけれど、とにかく、自分がどういう人生を生きたいか、自分でしっかり決めることが大切だと思っています。女だからといって制約されることがあってはいけません。女の人一人ひとりに、自分の生き方を選べる選択権と、それを決める自己決定権とがあるということです。女の人は、「女」からひとりの「人間」に戻って、その力をフルに使えるようになるべきです。そこから、人の言うことをきくかきかないか、タバコを吸うか吸わないか、ハイヒールを履くか履かないか、子どもを産むか産まないか、みんな決まってくるような気がするんですね。

もちろん、だれだってそんなにきちんとは人生プランをたてられるわけじゃないけれど、でも、自分のほんとうの〝腹の声〟に耳を傾ければ、しぜんに方向は決まってくるんじゃないでしょうか。自分の腹の声を信じれば、何がほしいのか自分はどういう人生を生きたいのかということさえ、もう決まってくるはずです。

抑圧を断ち切り
自分のための闘いをはじめる

だけど、ほんとうに自分のしたいことを見つけるのはとてもむずかしい。私にも、そのときどきの出会いによって進む方向が決まった、また、思いきってひとつひとつ自分のイヤなものを捨てていったらこうなった、という部分もあります。いま、ほんとうに自分のしたいことが決まっている人は、とてもラッキーな人です。人間は抑圧されると、優等生にはなれても、自分がほんとうにしたいことは見つけにくくなるものです。

これから自由に生きていきたい、あれをしたいこれをしたいと思ったら、「女らしさ」の資質だけではやっていけません。女の人にも元来、自立できるという、いい意味での「男らしさ」の範疇《はんちゅう》に入れられるような資質が十二分にあるのに、それを抑え、隠しながら生きています。ですから、本来自分にそなわっていたはずの勇気や判断力や決断力といったものをすっかり取りもどして、それらをめいっぱい使う必要があります。

これまでは、こういった資質を使うと、男なら男らしいと言われるのに、女は女らしくないと言われました。そう批判されるのがイヤだから、女の人はいつも、「こうしたいのに、ああしたいのに、でも……」と、二つに引き裂かれてきたわけです。いつも二つの価値基準のあいだで引き裂かれてきました。他人に養われているかぎり、自分を生きられない。養われていなくても、「女らしく」しなければいけないという社会規範に引き裂かれて自分になれない。そうやって引き裂かれていると、エネルギーがなくなってしまいます。なにかやりたい、なにかやれるという力がなくなってしまいます。引き裂かれている人は、神経症になったりします。そういう人は心の刻み目が深くなって人間的な魅力が出て、話をしておもしろい人になるかもしれませんが、なにもことを成就《じょうじゅ》できないのです。

抑圧されていると、自分が腹の底でなにを感じているのかわからなくなってしまいます。自分の気持ちがつかめません。自分というものが大きな濡《ぬ》れ毛布で包まれてしまったみたいで、外界が感じられなくなります。自分自身の感性でほんとうになにかを感じてしまったら、その人は行動せざるをえなくなります。行動したら、これまでの枠をはみでることになるかもしれません。「感じる」って、そういうことなんですね。だからこそ、おおかたの人たちは、もう感じることを放棄しているのです。なぜなら、この大きな社会が決めたところからはずれることは、やっぱりすごく恐ろしいことだからです。こうして、ほんとうに感じることを抑圧していく。それでも、みんななにか自分の胸のなかでうざうざしているものがあるはずです。それをすくいだして、自分に正直に生きてみたらいい。まわりが味方してくれなくても自分を味方につけたらいい。まわりに、自分に、負けないでほしい。

ドレイ船の船底から一歩、踏みだして、甲板の上にのぼってみることは、とても勇気と決断力のいることです。経験がないですから、とても大変です。ひとりでは大変だから、みんなで手をつなごうと言ってみても、手をつないだ人みんながおなじ「女らしく」生かされた人だと、どこにも行きつかない。ドレイ状況に置かれているというのは、とても恐ろしいことです。とても生きにくい。そういう生き方を、文化は暗黙のうちに女に強制してきたということです。いま、悩んでいて決断力がなかったとしても、自分のことをイヤな女だと思っていたとしても、それがわかったら、いまあなたが悩んでいるのはあなただけの責任ではない。そう思えたら、もう少し気がラクになる。気がラクになったところで、こんどは、そんな文化に負けてはいられません。二つに引き裂かれている自分をひとつにしたら、力が出ます。失われたエネルギーを取りもどしてほしい。

いま、悩んでいる人、引き裂かれて苦しんでいる人は、自分だけがだめだと思わずに、力強くそういう状況を生きぬいてほしいのです。くれぐれも、「私に能力がないんだ、私の性質が悪いんだ」などと思わないで下さい。まず引き裂かれている自分に気づくこと、なんとか自分らしく生きるためにどうしたらいいか考えはじめること、それが新たなる出発じゃないでしょうか。

人は、他人のために闘うほうが闘いやすいのです。でも、自分のために闘いだしたとき、人はやっとひとりの人間になれるのです。

第六章　ただのフェミニズムを求めて

性別役割分業は
地球汚染にも手を貸すこと

いまの主婦のエネルギーって猛烈にあるけれども、私に言わせれば、まだ、目も鼻もありません。だから、いろんなところにムニャムニャ、ムニャムニャ行くんだけど、どこに行くか、方向が決まっていないのです。それに目をつけたり鼻をつけたりして、どっちの方向に行くか決めてやるのが時代のエネルギーだと思います。

いま、時代のエネルギーは、自由と平等と、強い人権意識に向かっています。女の人たちの求めているものと時代の求めているものとがおなじだというのは、動きやすいということです。でも、そのためには、女の人は、自分の置かれた差別的な状況を十分、意識していないと、結局は、第二次世界大戦のときのように、銃後の母になってしまいがちです。構造的に、否応《いやおう》なく戦争をかげで支え、かげで環境汚染を推進し、受験戦争に拍車をかける、というように。

よく、ちょっと勉強した女の人たちが、「女はお金なんかなくったって、反近代でいきます。いまはエコロジーよ。地域運動が大切です」とか言います。

エコロジー運動はたいへん結構です。みんなでやらなければいけません。でも、ガレー船の船底にいる女たちが自分の自立と解放を目指すことなく、エコロジーだけやろうとしても無理があります。なぜなら、女もまた、〝大地の母〟と言われ、〝自然〟と言われ、地球とおなじように、ふんだんに使えるタダの資源として男たちに利用され、搾取《さくしゅ》されてきたからです。

男は外に、女は内にという男女の性別役割分業が、そしてもっと言えば、男はガレー船の上に、女は下にという構造そのものが、地球汚染と搾取をくり返すことになっているのです。女にタダ働きをさせることで二〇〇パーセント働ける男の余剰能力が、地球という資源を過剰にむさぼり食らう結果にもつながっているからです。女は甲板の下で〝大地の母〟として男文化に搾取されていることが、そのまま自分も地球の汚染に手を貸すことになっているという、そこをしっかり見ないで、ただエコロジーの運動に生きたところで、女の状況も地球の状況もちっともよくはならないと思います。

夫が会社で排気ガスを出す車をつくっていて、妻はその人に養われて、その人の面倒を見ながら、一方で、地域で〝空気をきれいにしましょう〟〝河川をきれいにしましょう〟という運動をやるというのはどういうことでしょう。結局また、夫のしでかしたことの後始末ですか？　でも、はたしてほんとうに後始末ができると思っているのでしょうか。

また、性別役割分業をそのままにして、反近代を生きるために都会を捨てて田舎に行っても、そこでまた性別役割分業で女が家事・育児をやらされ、そのうえ田畑までやらされるなら、それこそただの先祖返りにすぎません。女には手で洗濯させて、男だけが近代を経て、反近代を楽しむという構図になるだけです。

女の人のなかには、「性別役割分業反対！」と言っている人もいるでしょう。でも一方で、「私だってごはん食べるんだから、ついでに家族のぶんまでつくってるだけよ」と言っている人がたくさんいると思います。「たかがパンツ。そんなもの洗うか洗わないとか、どうだっていいじゃない。できる人がやればいい。たまたま私は家にいて、できるからやっているのよ」――でも、ここにも罠《わな》があります。女は、たまたま家にいるんじゃないんです。パンツ洗いのために、不払いの「女中仕事」のために家にいさせられているということを肝に銘じるべきです。

女の人は、家事・雑事、人の面倒をよく見るように何百年にもわたって訓練されてきました。男の人は甲板の上でいばっていてなにも訓練されてこなかったから、そういうことを男の人にやらせると時間がかかる。だから、女の人は面倒になって、男を変えようなんていうより、「私がちょっとがんばればそれでいい、そのほうが波風たてるよりラク」ということになるんです。それで、みんな女が引きうけてしまうことにもなります。

そうすることで女は、永遠にガレー船の船底から出られないのです。いつも甲板の上の男たちの決めたことに従う運命を甘受するしかない。しかも、甲板の上の政治・経済などの意思決定機関にはいっていない女たちは、男たちのすることにストップをかけることができないのです。

船底のドレイは、自分の漕《こ》いでいる船がどこに行くのか、知りません。ドレイに許された外界は、船底の丸窓をとおして見える範囲のものだけです。

もしその丸窓から見える海が汚れていれば、ドレイも自分のいのちが大事なので、「あら、海が汚い。こんな水のなかに落ちて死んだら大変。こんな水、飲まされたら大変。汚染はいけない。地球を大事にしなくちゃ」ということは言えます。しかし、船を漕ぐことを義務づけられているドレイには、なにかをする手だてはありません。

この、主婦ドレイという状況にあって、たとえば、「子どものいのちを守りましょう」と言ったって、船がどっちの方向へ行くのかもわからない船底にいて、結婚制度で家事労働に縛られていて、なにができるのでしょう。船の甲板に上がるという正規の社会参加はさせてもらえないで、ものごとを決定する場所に参加させてもらえないで、それでいて、どうやって子どものいのちを守ることができるのですか。戦争が起こって空から弾が降ってきたら、子どもの上におおいかぶさって、子どものかわりに死んでやる。いまだって、せいぜいそのくらいのことしかできないのではないでしょうか。

子どもを思いどおりにしたい親がつくりだす〝親不孝〟

よく親というのは、子どもの進路を決めるときにも、子どもの希望を無視して、ああしろ、こうしろと言います。あの大学へ行け、あれを専攻せよ、とまで言います。でも、それで言うことをきいて失敗した子どもの面倒を親は最後まで見てやれるわけじゃない。時代が変われば、親の考え方とはちがう方向に行くかもしれないし、たいてい自分が先に死んでしまうわけでしょう。それでもなぜか、親は、こうすれば子どもはしあわせになれると信じて、ああしろ、こうしろと強制するんですよね。

自分の子どもとはいえ、人格をもった人間です。人生の進路まで親の思いどおりに決めようなんて、邪道もいいところです。チンケな権力欲は捨てて、ひたすら子どもを信じたほうが勝ちだと、私は思います。

なにがしあわせかなんて、親だってとことん自分で考えているわけじゃありませんよね。せいぜい、世間がこうだからとか、いま自分がこうだからそれとおなじ路線を、こうでないからちがう路線を、みたいなことでしかないいんじゃないですか？

親が子どもの幸福を願ったり、人生の先輩としての知恵を伝えたいと思ったりする気持ちはよくわかりますが、しょせん、子どものほうが新しい時代を敏感に先取りしているはずです。ときには、子どもの直感や意見をじっくりと聞いて相談にのってやったほうが、かえって、これから新しい時代を生きていく子どもの力になってやれるのではないでしょうか。

よく、「うちの子は親不孝者で」と嘆く人がいます。でも、子どもを親の思いどおりにしようとするから親不孝が生まれるのです。親の欲や、親の勝手な期待で、子どもが〝親不孝者〟に仕立てあげられるのです。親として自信のない人ほど、そういう力をふるいたがるような気もします。どんなに親に反発しても、親とケンカしても、子どもは、ある時期までは親の庇護《ひご》のもとでしか生きることができないんです。ですから親も、子どもをいつまでも自分のものだと思いこみがちです。でも、相手を支配するというのは、おなじだけ相手に依存しているということ。親が自分なりに充実した人生を歩んでいたら、自分のかなえられなかった夢を子どもにたくしたり、過度な期待をかけたりはしないはずです。してはいけないのです。

私は父や母の願いどおりには生きられなかったけれど、それを親不孝だと思ったことはありません。私が結婚もしないで好きなように生きているのを、ある時期まで嘆いていた母がなにも言わなくなったのは、サジを投げたというより、私の生き方を、私という人間を認めてくれたのだと、いまではそう思っています。長い時間をかけて、子どもは親を超えていくんです。親が想像もしなかったほどに時代も変わります。ですから、親の言うとおりに生きることが、親にとってのしあわせイコール親孝行などでは断じてないと、私は声を大にして言いたいのです。

親の人生は親のもの。けっして子どものためのものではないし、子どもの人生もまた子どものもの。親が支配すべきものではないはずです。それぞれがべつの人格をもっているのですから。それを認めあう親子関係が成立すれば、そのうち、親孝行するとか、親不孝したなどという考え方自体が存在しなくなるのではないでしょうか。

かつては、親の面倒を見ることがすなわち親孝行だ、という考えがありました。ですけど、いま、できのいい親は、子どもの世話にはなりたくないと思っています。自分たちの老後は自分たち自身の力で生きていけるように、きちんと人生設計を描いています。

要は、親と子がこれまでにどんな関係を築いてきたか、これからどんな関係でともに生きていきたいか、ということなんです。もちろん、それぞれちがうスタイルの親子関係がつくりだされていって当然です。

妻と母の役割はあっても自分はいない「良妻賢母」

女性蔑視《べっし》ということが言われます。こんなにお母さんたちが一生懸命に子どもを育てているのに、あるいは、女たちは一生懸命、男たちに尽くしているのに、なぜ女性蔑視があるのでしょうか。なぜ男の人は女の人を蔑視するようになるのでしょうか。

私は、女の人が「女らしさ」と「良妻賢母」をやっているかぎり、女性蔑視はなくならないだろうと思います。

結婚制度の名において、文化の名において、性別役割分業の名目で、女だけに家事労働をやらせているかぎり、女と男とのあいだに人間として対等な、ほんとうにいい関係なんて、はっきり言って、絶対に無理だと思います。すなわち、男が女を養い、女に家事・子育てだけをやらせているという構造のなかでは、男が「主人」で、女は「奥さん」、すなわち女は男の「従者」だということ、男と女のあいだにはまだ身分制度が残っているということです。

子どもだって大きくなったら、だんだんヘンな気持ちになるでしょう。自分がいちばん愛して大事に思っている人が、お父さんよりランクが下で、しかも、自分ならしたくないことを毎日しているのを見ているわけですから。子どもは、それが役割としての女の仕事だと納得させられていくわけですが、それでも、お母さんを人間として見た場合、尊敬するところまでいくには女性学の力を借りなければならないほど、大変な努力が必要とされるはずです。

女の人は、「女らしく」なるために自分を抑えなければならないのはつらいことです。でも、「女らしく」しないと、世間に受け入れてもらえない、人に好かれないとわかっているので、そういう社会規範を自分のなかに取り入れながら、一方で、自分のなかの暴れる虫と闘わなくてはならないのです。自分のなかの暴れる虫と闘いながらも、その虫を上手に抑えこんだとき、女の人はすぐれた「良妻賢母」になれるのです。これが男社会の、女に期待している究極の「女らしさ」のひとつのかたちです。

この「良妻賢母」ということばをよく見ると、そこには妻と母はあっても、自分がいない。「妻」と「母」とは社会的な役割です。女は妻と母の役割を完璧《かんぺき》に果たすことは期待されていますが、自分をもってはいけないということです。ドレイ船の船底に閉じこめられて、自由のないところで自分をしっかりもっていたら苦しくてやっていけません。だから自分を殺すことになります。自分を殺し、自分の人生を犠牲にして、家のため、夫のため、子どものために尽くします。尽くすために必要なだけの自分は残していても、それは過剰適応そのものです。

ところが、過剰適応してしまった「良妻賢母」たちは、「自分」をなくしたのですから本音でものを考える習性をなくしていきます。ひたすら社会規範に従います。社会規範は、そのときどきでアドバルーンを上げます。あるときには銃後の母を、あるときには戦争反対を、またあるときにはエコロジーを。そして、先ほど見たように、自分は夫と上下関係をなす非民主的な家庭をいとなんでいるのに、外で、PTAで、民主主義の大切さを説きます。また、みずからドレイになって女の価値をおとしめているのに、外では女性蔑視はいけないと、女性解放運動をはじめたり、エコロジー運動をはじめたりします。でも、家庭のなかでの、自分と夫との上下関係には気づくことさえありません。

これではだめなのです。女はますますバカにされます。見ている人は、いちいち理屈では言えなくても、直観的に、その矛盾に気づいているからです。だから、〝PTAのオバサン〟と言って、その偽善性・欺瞞《ぎまん》性が揶揄《やゆ》されるのだと思います。

もし女性蔑視をなくしたかったら、家事は家族みんなでやることです。それが時間的に不可能な人は、人を頼んで、きちんとお金を支払うべきです。自分の子どもでも、労働が過剰になったら、アルバイトとしてきちんと支払うべきでしょう。女はもう「女らしさ」や「かわいさ」など演じてはいけないのです。演じれば演じるほど、あなたの、そしてひいては、女全体の価値をおとすということです。

それなら、家事をやる妻に給料を支払えばいいのかという考えも出てきます。そうしてほしい女の人にはそれもいいでしょう。でも、妻の家事労働代を支払いきれる男は、この世の中にそう多くはいません。それほど大変な金額になるからです。それに、やはりただ支払えばいいという考えをするだけでなく、女もひとりの人間だという意識を女も男ももつことが先決です。そうすれば、女が百人いたら、百とおりのちがう生き方があっていいと気づけるはずです。家事労働に支払われたら、そのお金で女の人は少しの自由が買えます。しかし支払われてしかるべきだという意識の先のほうに、まず、女たちは自由に自分の人生を生きる選択権を行使できるのだと、行使しなければいけないのだという意識をもつべきです。女は、それを勝ちとらなければいけないのです。

自分の〝足〟で自分のお金を稼ぐことが自立の基本

女たちは選挙権を勝ちとり、教育を受ける権利もやっと勝ちとりました。ただせっかくきびしい競争をぬって大学に入学し、めでたく卒業しても、その教育は自分のためというより、家庭に入って子どもの教育のためにささげられてきました。これからは、自分の受けた教育を自分のためにも使わなければいけません。

ところが、女の働く権利は、まだ完全に認められてもいなければ、行使されてもいません。働く権利は女に「足」を与えることになるからです。お金は〝おあし〟といって、足の役割をします。足は自由を意味します。女が自由になるための基本条件は、自分で自分のお金を手に入れることです。

お金があれば、何千キロ離れていても好きな人に会いに行けます。お金がなければ、好きな人といっしょにはなれても、嫌いになったとき別れることさえできません。

なにかことを起こしたくても、お金がなければなにもできません。男たちの社会では、すぐに大金がポンと出てきます。でも、私たち女は集まってなにかしようとしても、自分の自由になるお金はないので部屋ひとつ借りられません。人を呼び集めてなにかしようにも、女たちは家事・育児に時間をとられて、自由になる時間はないし、お金はないしで、むずかしい状況にあります。なにをするにも大変です。カンパでやるといっても、それには限度があります。ですから、自分の世界をつくることと、きちんと自分で立って歩いていける経済的基盤をつくることは同時進行します。国の発展を例にとってもおなじです。まず経済的な自立、そして安定、それが国の自立の基本でしょう。経済的な自立を果たしていない国は、国内が不安定だし、また対外的にも対等な外交が成立しにくいことは、ニュースを見ていてもよくわかります。

男が働くように働くことがいいかどうかはべつとして、とにかくいま、女の人に必要なことは、自分の力でお金を稼げるようになること、そして、その行動力こそ自由への第一歩なのです。いままでさんざんしつけられてきた、女は清く美しく貧乏でいいという発想や、お金を汚がる習性みたいなものを、まず払拭《ふっしょく》することが必要です。

よく、「金、金と言うな。この世の中には金よりも大事なものがある」という言い方がされます。実際、そのとおりです。でも、これは自分で金を稼いできた人間の稼ぎ方や哲学に対して言えることであって、自分のパンを自分で稼ぐ権利をないがしろにされてきた女に言えることばではありません。また女が、言うことばでもありません。それは男たちが女の文句を封じこめるためにつくりだしたエセ美徳です。

男は、女に自由を与えないほうが得だということを知っています。女たちが提供する、不払いの家事労働とさまざまな便宜さを手放したくないのです。したがって、人間であるよりも、役割としての女、すなわち主婦ドレイを美化したり、牽制《けんせい》したりして、なんとか現状のまま、すなわち男が女の「主人」であるような関係を維持しておきたいのです。

「母性」に固執しているかぎり女に自由はない

女の人のなかにも、生理があがったくらいで、「私は、もう女ではないわ」なんてバカなことを言って悩んだりする人がいます。だから、男たちは子どもの産めなくなった女性をバカにし、女もそれで傷つくのです。更年期になろうとなるまいと、子どもを産めようと産めまいと、そんなことには関係なく、あなたはあなた、私は私なのです。

だけど、自分を育てることをしないで子産みと子育てだけを中心に生きてきた人は、産めるか産めないかの境で、もう人生が終わったみたいに大さわぎします。それは唯《ゆい》一《いつ》、女に与えられていた「母性」という権利の喪失を敏感に感じとっているからなんですね。「母性」があると思われてきたから女は男に大切にされ、かろうじて男社会の端っこにぶらさがってこられたわけです。しかし一方で、女がここだけにしがみついてきたから、よけい男社会の端っこに追いやられたとも言えるのです。石原慎太郎さんは二〇〇一年にこんな発言をしています。

「これは僕がいってるんじゃなくて、松井孝典がいってるんだけど、〝文明がもたらしたもっとも悪しき有害なものはババァ〟なんだそうだ。〝女性が生殖能力を失っても生きてるってのは、無駄で罪です〟って。男は80、90歳でも生殖能力があるけれど、女は閉経してしまったら子供を生む力はない。そんな人間が、きんさん、ぎんさんの年まで生きてるってのは、地球にとって非常に悪しき弊害だって……。なるほどとは思うけど、政治家としてはいえないわね（笑い）」（「週刊女性」二〇〇一年十一月六日号）

これまでもなにかあるとすぐ、女は「女にしかできないことをやりましょう」という言い方をしてきました。女にしかできないこと、すなわち、「母性」でやれることをしようというのは、逆から言えば、みずから自分に足枷《あしかせ》をはめることであり、そうして自分の世界を狭めることで男の領域をおかさないよう、男に憎まれないよう、男社会を刺激しないよう努めてきたということです。気持ちはわかります。男社会に楯《たて》つくのはとてもこわいですからね。「母性」で生きていれば、この男社会はぜったいに許してくれるし、奉《たてまつ》ってくれます。男たちは、「母性」だけで生きる女たちをバカにし蔑視しながらも、重んじてもくれました。ですから、女はそういう状況を手ばなさないで、なんとか「母性」を前面にかかげたまま、解放されたいと思ってきたのです。

けれども、それはちょうど、鎖を断ち切りもしないで、自由になったと飛びまわろうとして、足をとられて前につんのめってしまうのとおなじで、少しも状況の改革にはつながりません。女が「母性」に固執するかぎり、それは女みずから自分の能力を限定することになります。それでは女はいつまでも自由にはなれないということです。

子どもを産もうと産むまいと、本来、それは個人の選択です。肉体的に子どもを産めるか産めないかといった生物学的母性はべつとして、人を育てる、世話するといった母性は、女だけでなく、男にもあります。男は、お乳は出なくても、いくらだって子育ての工夫はできるはずです。ただこれまでは、女に子産みの能力があるから、ついでに母性の役目と称して、いちばん手がかかって面倒な子育てまで、女にやらせてきただけの話です。そのほうが、男にはラクだし、その分男は外で自分名義の金が稼げたからですね。実際、子どもはかわいいけれど、三十分つきあえばたくさんだというわけです。女だって、本音を言えばそうかもしれません。子どもの世話は重労働ですから、四六時中やっているのは大変です。大変どころか、占い師の宜保《ぎぼ》愛子さんは子育ての最中に霊感がスパッと無くなったと言っています。最後の子どもを幼稚園に送り出したとたんに戻ってきた、と。

女を「母性」に限定することは、女の人間としての能力を限定し、女性差別を強化することにはなっても、けっして女を自由と解放には向かわせません。「母性」もまた選択だということを肝に銘じるべきです。

〝ツリー型人生〟を生きれば恋愛や結婚や子育ては枝葉

これまで、女の人の人生プランには先に〝結婚〟と〝子ども〟があって、人間としての夢や仕事や希望や冒険はみんな切り捨てられてきました。これは逆だと思います。先に、どういう人生を生きたいかをプランニングしたうえで、じゃあ、結婚したいのかどうかとか、子どもは産みたいのかどうかとか、いろいろ考えてみたほうがいいと思います。結婚したい人なら、人生に結婚が三回あってもおかしくないぐらいの気持ちで人生プランをたてていってちょうどいいと思います。

ライフ・プランニングをするというのは、将来を見つめて、世の中がどうなっていくのか、そのなかで自分はどう生きたいのかをまず考えることです。そうしたら、結婚するとかしないとか、子どもをもつとかもたないとか、しぜんに決まってくると思います。

女は、結婚して子どもを産むのがあたりまえと考えられてきましたが、これからは、結婚も出産も、個人が自分でどうするかを決める時代です。産むことも産まないことも個人の選択の問題です。私自身は「結婚しない」「子どもを産まない」という選択をして生きてきました。私はそれでよかったと思っています。でも、結婚や出産をしないと決めた人間も、そう決めるにはそれだけのエネルギーは使っているのです。肯定してすべてやってきた人と結果はちがっても、使ったエネルギーは変わらないように思うことがあります。

女の人も〝女役割〟だけに満足せずに、ひとりの人間として自分の生きる道を選べるよう、その意識と態度を変えていかなくてはいけないと思います。

これまで、結婚するのが女のしあわせだと言われてきたから、女の人は弱気になると、すぐ恋愛に走ったり、結婚に逃げたりして仕事を辞めてきました。男の人だって恋愛もするし、結婚して子どももちますが、だからといって、仕事を辞めるなんて人はいません。私はやっぱり、女の人も、結婚しようと、子どもをもとうと、自分のパンは自分で稼ぐべきだと思います。

自分のパンを自分で稼げるような社会システムをみんなでつくっていくべきだと思います。結婚したから、子どもを産んだからといって、自立しなくていい、自立を放棄していい、あるいは、放棄せざるをえない、というのはおかしいと思います。子どもを育てる人こそ、しっかり自立して自分の世界をもつべきです。自立したことのない人が自立した子どもを育てるのは、とてもむずかしいことですから。

これまでは高校を卒業して、人によってはさらに一年から四年、学校へ行って、二年から三年、働いたあと結婚して、しばらくしたら子どもを産んで……、女の人の人生って、ショートケーキをヨコから見たみたいにいちごのつぎはカステラでつぎは生クリームで、と層をなしてどの人もみんなおなじでした。でも、これからは木のような人生、「生きる」という幹があって、その幹を中心に枝葉が広がっていくようなツリー型人生を、女の人も考えていかなきゃいけないと思います。「生きる」とは、パンを稼ぐこと、仕事をすること。つまり、自分の世界をもつことです。仕事は替えてもいいから、やりつづけなくちゃいけない。人生にとって恋愛や結婚や子育ては、そこから生い茂ってくる枝葉なんです。

男たちが女に道をあける器量の大きさをもてば

「女は、差別、差別って言っていないで、がんばれ」と言う男の人がいます。「おれたちだって、自分たちで勝ちとってきたもんだから、あんたらだって、自分たちで勝ちとれ」って。ほんとうにそのとおりなんですが、でも、そういう男の人が、女に自分名義の子どもを育てさせ、パンツ洗いをさせて、女の自由時間を奪っているんですよね。

ですから、男の人からそう言われると、いまの私は、「じゃあ、そこの足どけて」

って言いたくなります。

最初から甲板の上にいる男たちが男同士のあいだで闘って勝ちとるのと、甲板の下から這《は》いあがっていった女が、それから、男のなかで勝ちとるのとでは、やっぱり大きなちがいがあります。女は甲板の上に這いあがるだけでもくたびれてしまう。だから、はじめから女を甲板の上に乗せておいてほしい、スタート・ラインだけでもおなじにしてほしいっていうのが、アファーマティブ・アクション（差別是正積極政策）なんです。私はそれを「女の人には下駄《げた》をはかせてほしい」と言ったことがあります。でも、それを言うと、男の人は「それは甘えだ」って言います。そうでしょうか。女に自分のパンツ洗いと飯炊《めした》きをさせておいて、そのうえ、男とおなじにがんばれだなんて。ビートたけしさんは、アフリカに行った時、はじめてこの「下駄をはかせてくれ」の意味がわかったと言ってくれました。

この世の中、やっぱり男の人が牛耳っているわけですから、女は、ここではやはり仮住まいです。だって、女に不払いの家事労働をさせておいて、金の成る木はみんな男たちが独占しているんですからね。どっちに転んでも女は男の世話になるように仕組まれているのです。いやでも男の世話になるような状況に置かれているということは、選択しようにもできない状況にあるということなので、それは屈辱であり、差別そのものでもあるのです。男社会にあっては、女は足を奪われてしまうので、孫悟空《そんごくう》とお釈迦《しゃか》さまの関係みたいなもので男の手のなかから出られないのです。

私が出会った男の人たちを、ひとりひとり個人としてとりあげれば、みんないい人たちだと言っても言い過ぎにはなりません。でも、その人たちも、この男女の差別の構造のなかに置かれ、そこで生活しているのですから、結果としては、ただそこにいるというだけで、自分ではまったく意識することなく、女性差別に加担してしまっているのです。それは、一方の手で女の人と握手しながら、もう一方の手で女のほっぺたをぶん殴るという、そういう感じになっているんですね。

たとえば、セクハラがそうですよ。「きみ、有能だね、仕事できるね」って握手するとしますよね。そのときに、ついでに「きみのバスト、おいしそう」って目で胸をジロジロ見たり触ったりするのと、おなじことです。そういうところが連綿としてあります。好きだって言ってくださるのは、ありがとうございます。ですけど、男の人の言いなりにならないからって横っつらをひっぱたかれるのは、ごめんです。

女の人のなかにはこういうやりとりをなんとも思わないどころか、楽しめる人もいます。また、なれ親しんだ同僚同士のあいだでは、あいさつがわりになっていて、セクハラ的なひとことがないとさみしいとさえ思う人もいると思います。なかには、仕事をとるためには、あるいは、いいポジションを得るためには、おしりの一つや二つ触らせてあげてもいい、と考える人もいるでしょう。自分で選んで利用し、責任をもってやるのなら、それもいいでしょう。

ただ、女の人が、男の人のそういう言動がとてもイヤで、落ちついて仕事もできなくなったりして、職場を辞めようかと思いだしたら、それはもうリッパなセクハラです。イヤだと思いだした瞬間からセクハラになるのです。主体は女性です。

第二章でもお話ししたように、これまでの男たちから見た女の利用価値は、セックスの相手や子産みの道具として、また不払いの家事労働要員としてですから、職場での女性のからだへの接触や言及は、女の人を、仕事する人としてではなく、性的快楽の相手としてしか見ていないと、暗に言っているのとおなじだということです。

お茶くみがなぜおかしいかと言えば、これもまた女に、甲板の上に上がってくるまえの身分を思いださせ、身分を生きろと強要しているからです。

セクハラで会社を辞めれば、女の人は食うのに困ります。お茶くみは女の人の能力を限定します。両方とも人権侵害なのです。

私は、自分を発見するのにも、恋愛などをとおしてここまできたのですから、私にちゃんと向きあってトコトン闘ってくれた男や「尽くして」くれた男たちには、もちろん感謝しています。

だからといって、イギリス人がインドの人たちに対して、また日本人がインドネシアの人たちに対して、「あんたたち、植民地になってよかったね。鉄道が通ったじゃない。鉄道が通ったのは、あんたたちの国が植民地になったからだよ」って言ったら、怒るんじゃないですか。じゃあ、植民地になったこと、感謝しなきゃいけないの？　侵略され、支配されたことに感謝しなければいけないの？　ということになるんじゃないですか。それとおなじことだと思います。その男たちに出会ったことはよかったけれど、感謝はしますけれど、だからといって、女が抑圧された状況に置かれたことをいいということにはなりません。

いまアメリカには、女と男とがいい関係なんかもてるはずがないと絶望して、女だけで住もうとしている女たちとか、男だけで住もうとしている男たちがいます。日本にもそういう人たちが出てきました。でも、おおかたの人たちは、できれば男女仲よくいっしょに住みたいと思っているんですよね。それなら、男の人は、できるだけ女の人に道をあけてほしい。こんどは女の人が一人前になれるように、女の人を立ててほしい。やっと経済的に豊かになってきたんだから、世の中の流れとして女の人が子どもをもちながらでも働ける状況をつくれるような、そういう器量の大きさを早めに見せてほしい。早めにやったほうが器量がでっかいよ、っていうことをすごく言いたいんです。もしべつべつに住みたくないんなら、あるいは、女をこの国から排除したくないんなら、早めに到達したほうが国際的にも評価されるよ、って言いたいんです。

そのためには、これまでの価値観や生き方を変えていかないといけません。「産めよ増やせよ」や、効率重視の大量生産と消費の時代から、心とからだ、内と外とのバランスのとれた、ゆったりした生活への変化が求められているのです。

女性から突きあげられて「男らしさ」から自由になる男たち

私が講師をしていた花婿《はなむこ》学校での話なんですが、ある受講生の男性が、つきあっている女性に「きみ、タバコやめなよ」と言ったら、その女性は「私の勝手でしょ」と答えたそうです。それで彼は、「自分はそういう女とは結婚しない」って言うんです。たしかにこれまでの女の人だったら、「私のことを愛しているから、私のからだのことを心配して、あの人は言ってくれたんだわ」と受けとるのでしょうが、その女の人はそうではなかった。それで、彼はびっくりしたわけですね。もし彼が、「自分といっしょにいるときは吸わないでくれたらありがたい」という言い方をしたら、その女の人だって、ひとつの頼みとして彼の言うことをきいたかもしれません。でも、いきなり「おれと結婚するんだったら、タバコやめろよ」なんて言うのは相手をないがしろにした言い方ですよね。いばっているように聞こえたって仕方がないですよ。命令調ですから。しかも脅《おど》しです。実際、平気でそういう言い方をする男の人の態度を愛だなんて誤解する女の人が多いなかで、そんな押しつけはイヤだ、と言える自分をもった女の人たちが出てきていることはたしかです。

ところが一方で、そういう自分をもった女の人に、対応しきれない男の人がいるようです。「そうか、それなら、もういいよ」とか、「おれの言うことがきけないのか」とか、どなったりすねたりして、もうポキッ、ポキッとした態度しかとれないのです。

男は、女にならいばっていいと思っています。恋愛においても、結婚においても、男は女をアゴで使える子分にしてしまいます。それが「男らしさ」だと誤解しているところもあります。ことがこじれたときも、もし相手が男なら自分が反省するところでも、相手が女となると、「おれのどこが悪いんだ」とひらき直る男の人のほうが多いのではないかと思います。ヘンな女にあたっちゃった、生意気な女にあたっちゃったっていうふうになってしまいがちです。まわりにいる人も、「おまえ、しっかりしろよ。あんなやつの尻《しり》にしかれて」なんてけしかけたりします。もしかしたら、自分を育てる大事なチャンスかもしれないのに、男のコケンとかにこだわって、せっかくのチャンスを逃してしまうから、日本の男性はいつまでたっても、世界中でもっとも子どもだと言われてしまうんじゃないでしょうか。

いま、魅力的な男の人は、自分を突きあげてくれる女の人といっしょにいる人のなかに多い気がします。

よく、「女が強くなった」という言い方がされますが、あれは誤解を招く言い方です。強くなったとかいうのではなくて、女はやっともとの状態に復元しだしたのです。いつも下を向いてガレー船を漕いでいたのに、近ごろは頭をもたげて自分の顔を見せるようになったので、男の人たちが驚いているのです。長い髪とバストだけしかもってないと思っていたら、「顔があった!」とばかりに。それで男の人も変わらざるをえなくなっているのです。いままで男の人は、女なんてちょろい、なんでも言うことをきくメシ炊き女、セックスさせるだけの顔なし人間ぐらいに思っていたのだから、ショックなんでしょうね。でも、ほんとうに強い男の人は、そのショックに耐えて、変わろうとしています。ほかの男や女からは、「なんだ、女の言いなりになって」と思われているかもしれませんが、私から見れば、とても勇気のある人たちです。そういう男の人は好奇心があるし、軟弱に見えて、意外に精神は強靱《きょうじん》だし、女の人とああだこうだと辛抱づよく話しあえる柔軟性もあります。感性が「男らしさ」のマイナス面でつぶされていない人なんです。

女と男のあいだに横たわるタイム・ラグの調整

いま、雑誌やテレビなどで文化をつくっているのは、だいたい二十代後半から三十代はじめくらいの若い人たちです。そういう人たちが、年輩の人を見ていて、ああいう働き方じゃおれたちやっていけないな、と思いはじめたようです。日本はいま、少しゆとりが出てきたから、ちょっと働き方とか生き方とかを考え直して変えていこうというふうになってきました。

ところが、働きだした女の人は、いままで給料をもらうところで働きすぎるほど働かせてもらったことがないから、そこでめいっぱい自分の力を発揮してみたい、仕事がおもしろくてしかたがない、そう思っている人もいるんじゃないでしょうか。そうだとすれば、ここには男と女とのあいだにタイム・ラグがあります。ズレがあります。

この男社会では、女は、そうやって男とのズレをかかえた、〝遅れてきた人〟なのです。

いま、女の人は男の人に比べると、発展途上の段階にいます。世界の南北問題で見れば、女の人の置かれた立場は、南の発展途上の国々とおなじような状況にあります。東南アジアの国々は、いま、必死に工業化をはかっています。どんどん車をとり入れている。街が排気ガスで紫色にけむっている。それなら、その人たちに、大気汚染になるから車をやめろと言えるでしょうか。だれでも近代化をする権利はあるわけですから、そんなことは言えません。じっさい、北が南にそれを強要するから世界会議でも話はまとまりません。さんざん排気ガスをばらまいて近代化を達成してきたからといって、「自分たちはその弊害もわかったから、おまえたち、やめろ」とは言えないはずです。

まだ排気ガスをたれ流している北の国は、まず自分たちの生き方や考え方を変えるべきですし、また、排気ガスの出ない車を開発したら、そのノウハウを南の国の人たちに教えてあげる以外ないのではないでしょうか。実際、先進国でも、脱工業化をはかったり、車をやめようといった考えも出てきています。

それとおなじで、たとえば、男の人はいままでさんざんタバコを吸ってきて、最近はやめる人も多くなっているのとは逆に、女性の喫煙率はだんだん増えていますよね。それは、もしかしたら女の人が一生懸命に仕事をしだして、ストレスがたまりだしたことと関係あるんじゃないでしょうか。

いま働きはじめた女の人に、タバコを吸ったりお酒を飲んだりするのを、さんざん吸ったり飲んだりしてきた男の人に言うのとおなじように〝よせ〟と言っても、女と男のあり方にはズレがあるから、そうすぐに〝ハイ、そうですか〟とはいかないでしょう。男たちが開発し利用してきたストレス解消の方法を女が踏襲《とうしゅう》しているわけで、それなりに実質的な効果があるんでしょうから。

このズレを考えるのは、南北問題を考えるのとおなじぐらい大変なことです。あくまでも南の国の自立と経済力の向上、近代化を考えながら、地球のいのちも考える必要があるからです。女と男との関係もおなじです。いま、女も男も抜本的《ばっぽんてき》に人間のあり方を考えなおす時期なのです。

自分で仕事をする魅力的な女たちとのうれしい出会い

自分で食える女が増えてきました。自分で仕事をする女が増えてきました。社会に一歩出ると、じつに魅力的な女たちに出会います。そういう人たちは、ひじように生き生きしていて頼りになりますね。それは私が男の人に感じている頼もしさ、そして、その人たちが私に感じてくれる頼もしさとおなじものです。妻がいようと夫がいようと、シングルであろうと、そんなことにはおかまいなく、ひとりの人間として信用できるわけです。私がいままで出会った男の人たちは、恋愛関係になるならないとは無関係に、仕事のうえで信頼できる人が多かったと思うのです。それは、みんな自分の足で立っているからです。近ごろ、女の人のなかにもそうやって自分の足で立つ人が増えてきました。すごくいいことです。うれしいことです。

むかしは、なにかトラブルが起こっても、それを女同士で解決できる力がなかった。朝から会議をやっても、相談している人同士が自立していないわけだから、いくら知恵があっても、社会性がないとか、実行力がないとかで、なかなか結果が出なかった。

ところが最近は、女が問題を起こしても、女同士で相談してきちんと始末できるようになった。それ以上にすばらしいことは、女同士がいっしょになってなにかをつくりだして、事業まで起こせるようになってきたということです。

「女は、仕事ができる」とか「できない」とか、なにかにつけて品定めをする男の人がいます。でも、いま結婚して働いている女の人は、家庭では主婦ドレイをちゃんとやらされて、なおかつ甲板の上でも男がやっているような仕事をさらにやるわけですから、それは重労働です。大変です。女が働くことをしぶしぶ認めた男たちは、「主婦ドレイをちゃんとやるなら、甲板の上にあげてやってもいいよ」という条件つきですから、それは現代残酷物語だ、と私は言っています。船底の仕事と甲板の仕事を両方とも完璧にやれ、というのですから、ヒドイ話です。

男の場合は、家に主婦がいて、身のまわりの世話をいっさいやってもらえるから、甲板の上では二〇〇パーセント働けるようになっています。甲板の上にあがった女の人は、男の人とおなじように働くことを要求されたら、甲板の上で二〇〇パーセント働いて、さらに家庭に帰って家事労働を一〇〇パーセント、すなわち結婚して働く女性はほぼ三〇〇パーセント働くことになります。ですから、男性とおなじように働くとしたら、女性は二重どころか三重労働をすることになるのです。

そうやって女の人ががんばってやっと甲板にかけたその手を踏む、というのがセクハラです。セクハラというのは、「あんたら、二級市民のくせして生意気だ。おれたち一級市民のところに来るんじゃない」という嫌がらせなんですね。そうやって手を踏まれると、みんな痛くて甲板から手を離して落ちてしまう。「私、疲れた。もう働くのイヤ」と言って。そうやってモグラたたきをやられて、それでも女の人はめげないでがんばってきたから、いま、やっと男女雇用機会均等法もできて、のぼりたい人は甲板にのぼりはじめています。労働力の不足もあって、もうこれからは女性を無視できなくなってきている。「近ごろの女性は頭がいいですね」と、お世辞さえ言われるようになったわけです。

こうして、少しずつ女の人の力も認められてきたわけですが、一方で逆に、女の人の悪口も出てきました。そんなとき、私はこう言ってやるんです。「そういうイヤな人って、男のなかにはいないんですか」と。すると、「いやあ、男にもいますけれどね」。女が甲板の上に出て、ちょっと男とニュアンスのちがうことをやったり言ったりすると、かならずやり玉にあげられます。なにしろ甲板の上は男社会だから、そこのやり方に従え、というわけです。従いながらも、少しでも女性が働きやすい職場をつくっていくためには、職場での女性の数を増やして、男との数のバランスをとりながら、女性の置かれた状況をよりよいほうに変えていけるよう自己主張していくしかありません。すぐ、「女は……」と言わせないためには、法律を変えたり、新しい法律をつくらせたり、それを上手に運用したり。こんどできた育児休業法もそのひとつです。

それでも男は、「女は弱いものだから、男が守る」のだと言います。いまの時代で女を守るということは、まずこういう状況の解決に手を貸してくれることです。それがほんとうの男のやさしさというものではないでしょうか。

とにかく、甲板の上のいろんなところに、女の人がいてほしい。もっと表立ってほしい。もっと重要な地位についてほしい。フェミニストの女が一人でも二人でも、ものをつくる側にいてほしい。ものごとを決定する場にいてほしい。政治や経済やマスメディアなどの場に。こころからそう思います。

なかには、イヤな女もいることはわかるけれど、それでも女の顔が増えるということはいいことですよ。なかには、頭のなかが男そっくりの女もいるけれど、それでも女ならやっぱりみんなおなじ悩みをかかえているはずです。そう、いつかどこかで、その人たちともウインクしあえるかもしれない。現にそういうことも起きはじめています。フェミニズムなんて大嫌い、と言っている女性でも、ひょんなことから話をしてみると、自称フェミニストよりもはるかに抜本的にフェミニストだと実感させられることがあります。そういう人たちと手を結んで、いっしょになにかやれるような日が間近ではないか、そんな予感もしています。

〝冠《かんむり》つきフェミニズム〟ではなくただのフェミニズムでいい

さいごに、ここ十数年前の過去のフェミニズムについて、私なりの考えを述べたいと思います。

日本ではフェミニズムは、その時期がきていたのに、毛嫌いされてなかなか理解されなかったような気がします。その原因の一つは、日本のこれまでのフェミニズムは頭に冠をいただいたフェミニズムだったからです。すなわちマルクス主義フェミニズムやエコロジカル・フェミニズムや反近代フェミニズムなどが表立っていて、フェミニズムそのものが一般の人々に届きにくかったことにあるのではないでしょうか。

その、頭に冠をいただいた〝冠つきフェミニズム〟は、模索段階の、あるいはフェミニズムを世間に理解してもらうにあたっての戦略としてのそれだったかもしれませんが、いずれにしても段階としては、発展途上的なフェミニズムだったと思います。〝冠つきフェミニズム〟はある意味では既成の思想、すなわちマルキシズムであったり反近代主義やエコロジーといった思想を補完しようとしたりそれに寄りかかったりしたことで、まず男たちの関心をフェミニズムに向けさせようとしたのかもしれません。けれどもフェミニズムを生きたいと思っていた女性たちはかえって混乱してしまって、それで解放されるどころか、またひとつ抑圧を背負いこむはめになったのではないかと思います。一般の女性たちは学問としてのマルキシズムや反近代主義やエコロジーなどに通じていなかったからです。ただの〝フェミニズム〟は人権思想です。頭から「冠」を、すなわち既成の思想を外して、ただの〝フェミニズム〟で十分です。

私の場合はただのフェミニズムですが、なかにはわざわざラディカル（根源的な）をつけてラディカル・フェミニズムと呼んでくれる人もいます。でもフェミニズムはただそれだけで、どうしようもなく抜本的にラディカルなのですから、わざわざ頭に冠をつける必要はないと思っています。

もう、数年まえの話になりますが、公民館が主催する講座や講演会などに呼ばれて話をしたあと、出席者の質問や話を聞くうちに、フェミニズムで解放されたがっている主婦たちのなかに、ある種の知的金縛りで身動きがとれなくなっている人たちがいることに気づきました。彼女たちに届いているフェミニズムは、エコロジカル・フェミニズムとか反近代フェミニズムとか、マルクス主義フェミニズムとかいった、フェミニズムの頭上に既成の思想の乗っかったもので、主婦たちがそこから受け取っていたメッセージは、資本主義批判と近代批判でした。

そのころ、公民館に集まってくる主婦たちのなかには団塊の世代の人たちが多くいて、なかには若いころ学生運動にかかわっていた人たちがいたりして左翼のメンタリティに慣れていたので、こういった資本主義批判や近代批判をベースにした冠つきフェミニズムは、わかりやすくて、そのぶん吸収しやすかったのではないかと思います。でも、その人たちの生き方を見ていると、肝心のフェミニズムについての理解は、二の次でした。

当時の研究者としてのフェミニストたちは、すでに自分の専門分野でそれなりに活躍していた人たちで、そこにフェミニズムがはいってきて、これこそ女が求めていたものだとその思想に共感して、どちらかと言えば、自分の学問を一時中断するようなかたちでフェミニズムの世界を伝えだした研究者たちが多かったように思います。言わば途中下車みたいな感じで。すなわち、新しい思想であるフェミニズムを、自分の専門にしていた既成の、すでに制度化された思想を土台にして説明しだしたのです。

その人たちの専門分野の応用編です。その逆ではなかったのです。

エコロジーをやってきた人がエコロジカル・フェミニズムを、マルキシズムをやってきた人がマルクス主義フェミニズムを、それぞれ自分の専門領域で吸収し、それを解説して見せたのです。それはたとえば、長いあいだ時代の端っこで、自分なりにフェミニズムを生きのびてきた、ライフ・アーティストの駒尺喜美さんや故小西綾さん(享年《きょうねん》九十九歳)のようなかたたちのフェミニズムとはちがったアプローチの仕方だったと言っていいと思います。駒尺喜美さんが、フェミニズムを生きてきた目で、既成の思想であるエコロジーや反近代やマルキシズムを見直したというのとはちょっとちがうということです。

その既成思想の研究者としてのフェミニストたちはそれまでにもすでに甲板の上で優れた業績をあげて男たちとしのぎをけずりながらがんばってきた人たちです。その人たちがフェミニズム的な発想に目覚めて、エコロジカル・フェミニズムやマルクス主義フェミニズムをやったのですから、たいへん切れ味はいいし、じつにみごとにこの世の中の差別の構造を説き明かしてくれているように見えるのですが、それでもそれは、どこかで論者自身が甲板の下に降りきれていない感じはぬぐえませんでした。その人たちは甲板の下に降りてはくるけれども、あくまで甲板の上の人で、論じ終わったら甲板の上に帰ってしまう人なのです。なぜなら、話がある程度進むと、その人たちのスタンスは、私の言う「父の娘」になっていくのです。限りなく女であり、限りなく「女」の置かれた状況を分析しながら、同時に分析者は、どこかで男が女にもつようなスタンスを捨てきれないでいました。

極端な言い方をすれば、すでに近代化を達成した男たちとおなじように、資本制の実害や近代化の悪の面はとなえられても、ひるがえって、女性の解放には、もしかしたらマルキシズムより資本主義のほうが役立つかもしれない、とは絶対に言おうとしないのです。あるいは、「この資本主義社会で生きているのだから、とりあえずここでめいっぱいがんばろう」とも言いませんでした。

たとえ就労を拒否しても 主婦は資本制の協力者

公民館でマルクス主義フェミニズムを勉強した主婦たちが、そこから受け取ったメッセージは、女性抑圧の元凶は資本主義であり、企業であり、しかも、資本制と家父長制の相乗効果で女の抑圧状況は最悪になる、というものです。また、女性の集まりで講演する自称フェミニストたちからは、女が大企業に就職すれば、それはそのまま東南アジアの女性の搾取にもつながるとか、パートも含めて女性たちがお金を稼ぐことそれ自体が資本主義社会に加担する悪だ、と思わされてきたフシがあります。実際、七〇年代には、「キャリア・ウーマンを撃つ」という論文が出たり、八〇年代には、「企業総撤退論」が出たりしました。

結局、女たちは、経済的に自立せよ、というメッセージを受け取りながら、同時に、社会に出て仕事につけば、それがそのまま資本主義に搦《から》めとられて搾取されることにつながると、まるで青信号と赤信号を同時に出されたような状態に置かれてしまいました。これなら、それまでの女性抑圧とおなじで、あのダブル・バインド状況に置かれてしまったことになります。みんな悩んで、手も足も出なくなって、そのぶん日本のフェミニズムはずいぶん後れをとったとも言えます。

実際のところ、いまの日本でこうして昼間、公民館主催の講座でフェミニズムの勉強をしている主婦たちの夫は、大部分がサラリーマンです。主婦たちは、夫の稼ぎで生活し、なおかつ、夫がよりよく働けるように家事いっさいを引きうけて、夫と子どものケアをその仕事にしているのですから、本人が直接、企業に就職していなくても、家族ぐるみで企業の発展に貢献していることは明らかなのです。

資本主義の発展に加担することだから外で働きませんと、いくら就労を拒否したところで、主婦こそがじつはもっとも巧妙なやり方で、企業に、そして、資本主義の発展に協力している状況を生きていることになるのです。戦争中に戦争に協力した妻たちと時代こそちがえ、同じ意味でまさに〝銃後の妻〟なのです。しかも、自分で働かなければ、ますます夫の収入に頼らざるをえないわけですから、こうして不払いの飯炊きとパンツ洗いと育児をさせられているかぎり、夫への依存度は高くなる。女の人生の選択肢がどうしようもなく限られてしまうのは、これまで見てきたとおりです。

それは、夫が川を汚す洗剤会社の社長でありながら、その夫に内助の功を尽くした主婦があまった時間で「川をきれいにしましょう」とエコロジー運動をやるという矛盾と似ています。

いまの日本のように、女と男の性別役割分業がはっきりしていて、それが解消されないまま男女平等ということで、女性の伝統的職場が男性にも解放された場合、男はどんどん女の職場に進出しても、女は男の職場に進出させてもらえないで、結局、〝夫が保父になり、妻が家で玄米を炊く〟といったパターンになりやすいわけです。

たとえ男女雇用機会均等法なんてのができたって、現実にそうはいかないことはまわりを見渡せばよくわかります。そこでは依然として、男女の性別役割分業は温存されたままです。もっと言うと、性別役割分業はそのままで、保母などの女性の伝統的な職業でのポジションが一つ減った勘定になります。エコロジーを生きるのはいい。ただ女性差別が温存されるのなら意味がないということです。

家事労働代をだれが支払うかではなく、個々の男と女がどう変われるか

男権支配のなかで男たちが見落としてきた、出産・育児・家事といった不払い家事労働の意味を、マルキシズムを分析の武器にして再検討するのがマルクス主義フェミニズムだと言います。マルクス主義フェミニズムが、女性の内助の功を計算したりする理論的根拠を提供し、それが女性抑圧の結果を分析する具体的な数字になって出てくれば、これはとても有効な情報になりますが、一方で、この主婦の不払い労働を、いったいだれが支払うのか、「国か企業か」という問題のたて方をしたとき、肝心のフェミニズムは見えにくくなってしまうと私は思います。

実際、もし企業が支払うなら、当然、そのぶん企業の労働者に対する搾取は、これまで以上に悪辣《あくらつ》かつ巧妙になるでしょう。人はますます企業に吸収されていきます。

家族を抱《かか》えている弱みを握られているからです。

また、不払いの家事労働代を国家が支払うなら、それは税金から支払われることになります。でも、独身で働いている女性や男性は気の毒ですよね。ただ未婚だということで既婚の男性より税金をたくさん支払わされて、しかも、家内ドレイはいないんですから、ぜんぶ自分でやるわけです。お手伝いさんを雇ったからといって、扶養者控除みたいなものはありません。結婚して子どもを育てながら働いている女性は、税金もたくさん取られて、しかも、二重、三重の労働に耐えながらがんばって、そのうえ家内ドレイはいないのです。

したがって、得するのは、主婦を置いているサラリーマンの男たちだということになります。もっと言うと、その労働力を十二分に使っている企業がいちばん得することになりはしませんか。マルクス主義フェミニズムの「企業か国か」という問題提起そのものが、結局は、攻撃している相手に得をさせて、働く女たちがいちばん損をする状況をつくることになってしまいます。企業を責めれば責めるほど、かえってそこには企業が得をする仕組みがあるということ、しかも、それにともなって専業主婦システムをよしとした結婚制度もますますゆるぎないものになっていくということです。

こうして、攻撃の矢が企業や資本主義体制に向けられれば、どこ吹く風を決めこむのは、個々の男たちです。個々の男たちのあり方そのものはなんら変えることにはなりません。企業を攻撃目標にしているかぎり、男たちのいのちを、ますます企業や国にあずける手助けをすることになりかねません。女は少しも解放される状況にはならないのです。

これとおなじことは、ちがうレベルで、ノルウェーの女性団体でも起きました。一九八九年、私が日本女性学会の代表幹事をしていたとき招聘《しょうへい》された会議で、主婦の家事労働をGNPに入れるよう国連に働きかけるための作業をすることになりました。「支払われなくてもいいからGNPに入れてほしい」、それだけで女性に対する敬意がちがってくるというわけです。しかし、これは体《てい》のいい自己犠牲の美化につながりはしないでしょうか。要するに内助の功を国際規模で認めようという、女の自己犠牲の国際的資格検定合格のための運動にすぎません。GNPに入れられたら、女の不払い労働は認定され、現状維持でよいということになりはしないでしょうか。

ただでさえ、現状に埋没《まいぼつ》して自己解放をないがしろにしたいのが一般の女たちの気持ちであれば、あまりいい方向とは言えません。それでも、これまでの女の不払い労働に対して世間の注目をあつめるには、やらないよりやったほうがいいのではないか。たしかにそういう意見も可能ですが、それはあくまでひとつのステップであって、もう一つ先を見るビジョンがないと、女の解放にはつながりにくいのではないかと、私は思います。

これからは「心は社会主義、足は資本主義」のバランスが必要

また、資本制と家父長制の相互作用で女性抑圧はより悪質になると、マルクス主義フェミニズムが言ってきましたが、でも、ほんとうにそうなのでしょうか。

父権制が女性抑圧の元凶であることは疑う余地のないことであるにしても、それなら資本制は、父権制と対置されるほど女性抑圧の元凶になっているのでしょうか？

かつて日本のフェミニストたちは、みんな右にならえで、「資本主義が悪い」の一辺倒でした。だとすれば、西欧諸国、なかでも、資本主義国でありながら、女性解放も社会福祉も、世界の最先端を行くスウェーデンをどう説明するのでしょうか。また、旧ソ連（一九九一年十二月崩壊）や中国などの社会主義国で働く女性が、われわれ資本主義国の女たちとおなじように、女性だということで男性の二倍、三倍の労働を課せられたりＤＶ（家庭内暴力）で苦しんでいる現実をどう解釈するのでしょうか。

いくら社会主義国でも、フェミニズムのないところでは、女の置かれた状況は似たり寄ったりなのです。もう世界は資本主義か社会主義かではなくて、いまは両者のいいとこどりが必要になっている時代だと言っていいでしょう。

実際、スウェーデンの政治家は「心は社会主義、足は資本主義」だと言って、社会主義と資本主義の両者の相互乗り入れを必然的なものとしています。

理想的な左翼思想の真髄がフランスの元保健相が言うように、「平等と公平……すべての可能性を万人に開く。単純なこと」だとすれば、その社会主義の「心」だけあって、「足」の麻痺《まひ》していた国、旧ソ連は、国民の競争力が抑圧され、生産性が上がらないまま、とうとう崩壊してしまいました。

また日本のように、まだ金稼ぎだけが目的で、哲学のない「足」だけの国は、公平さや平等や福祉の概念が成熟しないまま、民主主義も不完全で、男性と女性との関係も封建制度を引きずっている中途半端《はんぱ》な国になっています。

いま、「心」と「足」のバランスが必要なこと、その相互乗り入れが必要なことは、世界的必然であり、それなくして、先進国も個人も、また先進国と発展途上国との共存も成り行かないと言っていいと思います。

もしかしたらマルクス主義フェミニズムをとなえる男の人は、資本主義や企業が女性抑圧の元凶だと思いつづけたほうが、身近な女性や家族との関係の民主化を図るよりラクだから、そう言っているのではないでしょうか。また、おなじ主張の女の人も、自分たちに好意的でない社会に出ていって就労努力をするより、資本制や近代化を敵に見たてて責めていたほうがラクだから、というじわるな見方も可能になります。

資本制は、多くの問題を抱えながら、それでも、歴史上これまでになく多くの女性を解放してきました。現実に資本主義の国ほど女性の解放は進んでいるのです。それは、資本主義が善だということではなくて、資本主義の国ほど近代化も民主化も進んでいて、個人主義が浸透し、社会の成熟度が高いからなのです。

当然とはいえ、近代社会と個人主義の成熟なくして、フェミニズムなどありえないのです。フェミニズムは、男からも女からも、高い個の成熟度を要求します。日本のフェミニズムが発展途上的な状況でまだ低迷しているとするなら、それは、日本人男女の個それ自体がまだ発展途上的な個だからです。男と女とが、まだ上下関係の身分を生きているから、それぞれが個として成熟しきれていないのです。

その男女間が対等でないという社会の弱い部分を利用しようとするのが、それこそ資本制であり、企業であるのです。資本制は人間の弱みにつけこみます。欲望であれ、不安であれ、孤独であれ、人間の弱みにつけこんで金儲《もう》けをします。女性差別もまた資本主義がつけこんで利用する弱みのひとつなのです。性別役割分業から女が自立しないかぎり、男も自立しません。依存せざるをえない関係に楔《くさび》のようにくいこんでくるのが利潤追求の企業です。

私が思うに、資本主義がいちばん恐れているのは、自立して個人となった人間です。自由を知っている人間なのです。会社がいちばん扱いにくいのも、自立した人間であるはずです。けっして会社の言うことはきかないし、批判はするし、条件のよいところを求めてすぐ転職します。優秀な個人をひきとめておくためなら、どんどん待遇をよくしなければなりません。

スーザン・ジョージは『なぜ世界の半分が飢えるのか――食糧危機の構造』（朝日新聞社）という本のなかで、先進国に対しては、発展途上国への「手出しはやめなさい」と忠告し、第三世界の人々に対しては、「いかに道が険しかろうと、欧米への依存度を減らしていくことである」と自立を訴えています。また、「飢餓で苦しむ人たちがいるのは、多国籍企業がのさばっているせい」だから、その人たちを救うためには企業に手紙を書きなさい、と言っています。節約をこころみて、〝ハンバーガーをひとつ減らす運動〟をしている人たちに対しては、そんなことをしても、かえって「大牧畜業者の独占的地位を強化するだけ」だから、と。

聞いた話ですが、使い捨てカメラの電池がこんなに無駄な使い方をされていてもったいないと教えた小学校での授業記録を読んだカメラ会社が、さっそくそういう電池の使い方をよしたのだそうです。

企業はモノを売るために、評判で生きているのです。

民主的で差別のない豊かな社会の模索こそフェミニズムの目的

ところで、近代の機械文明を批判する反近代フェミニズムの信奉者たちは、近代以降になって、女性抑圧が強化されたと言います。たしかに、明治時代には「良妻賢母」が唱導され、女は家庭に囲いこまれ、性別役割分業によって女性抑圧が強化されたことは否定できません。しかし、当時の祖母や母たちの休む間もない不払い重労働を考えたとき、いまの主婦たちのほうがはるかに生活はラクになっていることも明らかです。それもひとつには、女性が近代化のおかげで、洗濯機や掃除機、炊飯器、などの家電製品を駆使してきびしい家事労働と貧困から解放されつつあるからです。そこから生まれる時間的・精神的ゆとりが、逆に、女性に抑圧を抑圧と意識させるような個を育てはじめているのです。

残念ながら、貧窮《ひんきゅう》し近代化の遅れている国々での女性解放は不可能です。貧しければ貧しいほど、一家の、また一国の経済は、女性の自己犠牲と不払い労働で賄《まかな》われざるをえないからなのです。

日本女性の解放度を世界二十四位ときめたアメリカの「人口危機委員会」は、その調査のなかで、アフリカの飢餓で女性と子どもの死亡率が高いのは成人男性に食物を奪われるからだと報告しています。また、近ごろ日本で働く東南アジアの女性たちはみんな家族のために稼ぎにきていて、その収入は家で待っている父親や兄に持ち去られるということはよく知られています。

日本の主婦は、いまやっと六〇年代のアメリカの主婦たちの状況に追いつきはじめました。アメリカの六〇年代の女性解放運動の発端となったベティ・フリーダンの著書『フェミニン・ミスティーク』（邦題は三浦冨美子訳『新しい女性の創造』大和書房）は、郊外のゆとりある主婦の不満を分析したものです。いまの日本の女性が置かれている状況とおなじです。

新聞を開けば、毎日のように女の人が夫や愛人や通りがかりの男たちに殺されたりレイプされたりしている記事が目にはいります。雑誌やマスメディアでは女性は性的愛玩《あいがん》物にされ、一方では、家内ドレイのまま、かごの鳥にされています。主婦もキャリア・ウーマンもOLも美智子皇后も雅子皇太子妃も、女であるということで受ける差別はおなじだということを忘れてはなりません。

しかも差別は、目には見えにくいのです。差別は差別されている女性もその女性を差別している男性もそれと気づかないほど、構造化され、慣習・風俗となり、文化となり自然となっているのです。差別が「自然」となってしまった男性による女性の構造的支配、女性の私物化、隷属《れいぞく》化、そういう男権支配を可能にさせている男性中心社会のメンタリティそのものを検討し、もっと民主的で不公平のない、ゆるやかでゆったりとしたやさしい社会への模索が、今後のフェミニズムの課題なのです。

男性優位社会の欺瞞と暴力から女性を、ひいては男性をも解放し、限りない自由と平等を達成するために、女性は自信をもって社会のあらゆる分野に進出し、ものごとを決定する場で発言し、指導性を発揮すべきなのです。男と女が五分五分で平等におなじスタート・ラインに立ったとき、そのときはじめて、これまでとはちがった、すばらしい未来像が構想されるにちがいありません。

あとがき――太郎次郎社版

私の講演は、持ち時間が九〇分でも一二〇分でも、かならず途中で終わる。「この続きは、またお会いしたときに」と言って、演台を降りる。何千年も何万年も続いている女性抑圧の構造を、そんなにかんたんに話せるはずがない、一つのことを話してもすべてにつながってしまう、そう言い訳をして。

自分が自立するのに、えんえんと時間がかかったから、人にそのことばを伝えるときはとてもシンドイ。でも、はじめにも終わりにも、このことばしかない。ことばは重くても、肉をつけ、血をかよわせたら、ひとり歩きしてくれるだろうか。どう言ったらハートで受けとめてもらえるだろうか。

いつも、あれもこれもとあせるだけで、結局、時間ぎれで終わってしまう。この本もとうとう講演とおなじていたらくで言いたりないまま終わってしまった。未熟児だから手放したくなくてせつないが、ふんぎりが悪いと友だちにも叱《しか》られた。

今年二月の刊行予定だったから、八か月の遅れである。あのこだわりやの社長の浅川満さんも、とうとう堪忍袋《かんにんぶくろ》の緒を切らしたと聞くし、あのやさしくて忍耐づよい編集者の三宅洋子さんをして、「あたし、編集者の被害者同盟つくりますぅ！」と絶叫させてしまってからも、気の毒に、はや二か月がたってしまった。

夏休みまえに仕上げると豪語した手前、夏休みをどんどん先に延ばすしかなくて、とうとう九月のはじめに十日間とることになった。それでも間に合わなくて、いま、ロンドンで時差ボケのなか、このあとがきを書いている。

この本が生まれるきっかけは、『ひと』誌（一九九二年一月号）の性教育特集で、浅川さんが、斎藤茂男さんと私との対談を企ててくださったことにある。斎藤さんは、日本青年館が主催する花婿《はなむこ》学校の副校長もしてらして、そこの講師だった私を、タモリの「笑っていいとも！」（フジテレビ）の「花婿アカデミー」のコーナーに講師として送りこんだ人でもある。なにも知らなかった私は、フジテレビからの電話で、なにごとかと、ついうっかり軽井沢の山のなかからブラウン管のまえに飛びだしてしまった。

この本もテレビも、もとをただせば、仕掛人は斎藤茂男氏なのである。

北山理子さんと三宅洋子さんには、とてもお世話になりました。北山さんにはテープ起こし原稿の整理で助けていただきました。元気もたくさんいただきました。三宅さんには、もう一生頭が上がらないぐらいいろいろとご苦労おかけしました。「そんなしおらしいこと言ったって、すぐ忘れるくせにィー」という三宅氏のきびしいことばがはね返ってきそうでこわいのですが、でも、本当に心から感謝しています。

また、本のタイトルのことでは、「愛という名の支配」にするか、「小さく小さく女になあれ」にするかで、私がグラついたせいで、浅川さんにも大変ご迷惑をおかけしました。「終わりよければすべてよし」と言える日がくることを、ただただ願うばかりです。

一九九二年九月五日

ロンドンにて　田嶋陽子

あとがき──講談社＋α文庫版

太郎次郎社で、『愛という名の支配』が単行本として出版されてから、すでに十三年がたとうとしている。当時六〜七歳だった子どもたちがいまは二十歳になっている計算だ。その間、時代の波を受けて、世の中は大きく変わっただろうか。

相変わらず若い女性はハダカに近い格好で街を歩き、ダイエットに熱中。テレビのなかでは、Fカップやらカップやら巨乳が話題。十三年前は〝ワンレン・ボディコン〟流行《ばや》りだったが、名称こそ変わりはしても、いまもって、女性のファッションは、似たようなもののくり返しだ。

「負け犬」になりたくないからか、若い女性の早婚願望は激増。テレビでは女性タレントたちが、いまの時代には不似合いな封建時代のことばそのままに「うちの主人が」「主人が」。それを見てまた若い女の子たちが結婚にあこがれる。

芸能人が離婚すると、相も変わらず女性を責める常套句《じょうとうく》が「家事をしなかった」。

マスメディアも視聴者も「差別用語」には敏感でも、「家事をしない」と言って女性を責めることが「差別」になるなどと思わないらしい。

働く女性たちの話を聞くと、特に残業などしていいようものなら、いまだに「仕事より旦那《だんな》の飯をつくることが大事だろう」「旦那が可哀想《かわいそう》だ」の声。女性社員もそれに合わせて申し訳なさそうな対応をしていないと「快適な社会生活」を営《いとな》むことができない、と嘆く。

相変わらず女性は、肉体が美しいか魅力的か、家事労働がよくできるかできないかで見られているところがある。十三年前より保守的になったようにさえ見える。

実際、子どもたちの「将来なりたいもの」の調査を見ると、男の子のなりたいものは、一位・野球選手、二位・サッカー選手、三位・学者・博士、四位・大工さん、五位・食べ物屋さん。

女の子のなりたいものは、一位・食べ物屋さん、二位・保育園・幼稚園の先生、三位・看護師さん、四位・学校の先生、五位・飼育係・ペット屋さん・調教師。（＊1）

すなわち、男の子たちは「男の子らしい」運動の世界に、女の子たちは「女の子らしい」家庭と〝母性〟の世界に、ということだ。これを見ても、性別役割分業をよしとする古い価値観はまだ子どもたちの意識に深く食い込んでいることがよくわかる。

それは男女間格差の大小を調べた「ジェンダー・ギャップ指数」にもあらわれていて、日本は、主要五十八ヵ国中三十八位で、中国（三十三位）よりも男女間格差は大きい。（＊2）

それにもかかわらず、日本では女に生まれてよかったと喜んでいる女性の数がとても多いのだ。

「生まれ変わっても、また女性に」なりたいと願う女性の割合は、東アジア（日本、中国、韓国、台湾、香港）の女性たちのなかでも日本女性がいちばん高く、七割に達している。（＊3）

男性への調査では「生まれ変わってもまた男に」が、日本、香港、韓国のいずれの国でも約九割を占めている。ということは、男性のほうが、女に生まれるより男に生まれるほうが得をする、すなわち女性差別があるほうが自分たちに有利だとよくわかっているということである。

そのなかで「女性に生まれてよかった」と思えるということは、日本は女性に「不公平感」を抱かせにくい国であり、「男性の牙城《がじょう》」を崩したいなどと思う必要もなく、そこそこ生きていける条件が揃《そろ》っている国だということか。

ほしいものが何でも手にはいる日本の経済的・物質的豊かさ、そして潤沢《じゅんたく》な消費活動のなかで、現状肯定の風潮が生み出され、女性の不公平感や不平等感は巧妙《こうみょう》に慰撫《いぶ》され、ごまかされている。

一目でわかる差別も、女性特有の抑圧されたメンタリティによって、差別として十分に自覚されにくいという面もある。

しかし一方で、声をあげる女性たちの数もまた多くなった。男性が得をしている社会で、男性のほうから差別解消のために力を貸してくれることはまれだが、それでも、国連をはじめとした女性の人権を大事にする世界の潮流に後押しされて、男女雇用機会均等法ができ、育児休業法ができ、家庭科は男女共修になり、一九九九年には「男女共同参画社会基本法」もできた。これは、これまで反体制であり、異端の側にいたフェミニズムという思想が、女性の、ひいては男性、子どもの人権を護《まも》る社会を実現するための考え方として、政府や地方自治体、そして社会に広く取り入れられることになったということだ。ただし、フェミニズムのなかでもキーワードとなる「男女平等」ということばにはアレルギーを起こす人たちがいるので、その考え方は「男女共同参画社会の形成」に置き換えられている。他方で、三章で述べた「男らしさ」「女らしさ」の概念は、反発を受けながらも「ジェンダー」ということばで、国や地方自治体に取り入れられるようになった。また、二〇〇〇年に「児童虐待《ぎゃくたい》防止法」「ストーカー規制法」、そして二〇〇一年に「DV防止法」ができた。「介護保険制度」も二〇〇〇年から運用されることで、女性の役割とされていた介護を国民全体で支えることになった。私がこの本のなかで訴えていたことが、つぎつぎと法制化されていることは喜ばしいことだ。

若くてしあわせなときは、法律がどれほど大事か実感することは少ない。しかし、いざコトが起きたとき、これら女性のためにできた新しい法律がいかに女性を助けてくれることか。どの法律もまだ完璧《かんぺき》ではないし、またそれを使う側にも問題がないわけではない。それでも、新しくできた法律は女性が生きのびるための強力な拠《よ》りどころとなってくれる。

法律だけでなく、さまざまなグループのなかの規制を変えることも、女性を生きやすくさせ、女性の能力を伸ばす力となってくれる。たとえば、世界で活躍する日本の女性プロゴルファーが増えているのも、日本女子プロゴルフ協会の樋口久子《ひぐちひさこ》会長がアマもプロも関係なく実力で勝負できるように、アメリカを参考に規則を変える改革を進めたからでもある。

日本の女性は強くなった、優秀な女性が増えた、と言われる。しかし、もともと女性は男性に遜色《そんしょく》なく強くて優秀だった。ただ男子優先の世界で女性は二の次にされ、その生き方を男性の世話役に限定されたことで、才能を伸ばすチャンスを得られなかっただけなのだ。

女性だけの世界なら実力を発揮できても、家庭や会社など男性といっしょに生活し働く場面で、女性は男性の補助役として扱われ、実力が発揮しにくい差別的状況が、いまだにある。

会社勤めをする私の若い友人は「会社の売り上げに直接関わる部門では女性も出世できるようになった。イヤでも数字に出るから、男性も認めざるを得ない。だけど、数字が出ない間接部門では女性の管理職は絶対生まれない。数字に出なければ、男性の上司は男性社員を高く評価しようとする」と指摘する。

一方で、日産のゴーン社長兼CEOが「国内の日産の管理職に占める女性の割合を二〇〇七年度末までに現在の一・六パーセントから五パーセントまで高める方針」と言っているし、ソニーの新しい会長兼CEOハワード・ストリンガーさんは「ソニーも変わるべきだ。若い有能な人材を生かし、ソニーの再定義が必要」と語るなかで、日本の女性たちは有能なのに、その力がまだ生かしきれていないと言う。

数は多くないとはいえ、ニチレイのように、一・二パーセントだった女性管理職を五パーセントに引き上げる「ポジティブ・アクション」を実行して成果を上げた会社もある。（＊4）

現実に、女性の管理職を大幅に増やした会社は業績を伸ばしている。（＊5）女性差別は人的資源のムダ使いであり、日本国そして日本国民にとって大きな損失だということを、政府も国民も等しく認識し、さらなるアクションに出るべきである。

顕著《けんちょ》になった少子化と労働力不足の解消という背に腹は代えられない事情があるからとはいえ、それらがさらなる後押しとなって、子育てに対する支援と女性の働く権利が保障される制度改革がどんどん進められるといい。

二〇〇五年四月には、仕事と子育ての両立を目指した「次世代育成支援対策推進法」（次世代法）が全面施行された。企業の社会的責任が問われ、「両立支援」が重要視される動きを受けて、女性の働きやすさで評価の高い企業の株式を組み込んだ投資信託が増えつつあるのも追い風のひとつと言えるだろう。（＊6）いろいろと女性をめぐる状況に変化は起きている。

たしかに人々の意識は短期で激変するものではない。

変化の過程で、現実と意識は乖離《かいり》したり寄り添ったりをくり返していく。着実に職業意識を磨いている女性たちがいるかと思える一方、以前より「意識が後退」しているように見える人たちもいるけれど、それは、大きな進化の輪のなかの小さなゆがみだとも言える。

スパイラルの階段を上がるように、またおなじ風景に戻ってきているように見えるけれど、ほんの少しだけ過去より上に上がっている。

夫の許可を得なければどこにも行けなかった中年女性が、〝ヨン様〟にあこがれ、情報ほしさにパソコンをはじめ、一目会いたさに〝ヨン様〟を追いかけて韓国まで行くようにもなった。

結婚したら、子どもを産んだら、当然のように引退していた運動選手たちも、「田村で金、谷でも金、ママになっても金」などと女性自ら宣言するようになった。

女性がほしいものをほしいと言う力をもち、そして自分にふさわしい評価を求めて声をあげられるようになった。また、自分のやりたい仕事を続けていく意志をもち、その意志の実現を助けるために、政府がそして社会全体が少しずつ女性に対して態度を変えはじめているということである。

女性も男性も、この数十年で生き方の選択肢はこの上なく増えた。自分の気持ちのもち方ひとつで、生き方を大きく変えることができるようになった。戸籍の性別まで変えられるようになった。

カウンセリングなどが広がり、自分の生い立ちを見つめなおす人たちも増えた。歩きやすい道を選びながら、多くの人がおなじところを通っているうちに自然と道ができるように、行きつ戻りつしながら、確実に、女性にもいく通りもの道が知らず知らず、整えられていくだろう。

「正しい道」を歩いていない、と、罪の意識を抱いている人たちがいるかもしれない。でも、何が「正しい道」なのか、いまは自分の頭で考える時代だ。この本がそのきっかけになるといい。自信をつけて、ラクになって、人生を楽しんでほしい。

そして、女性差別など、もう存在しないと思っているしあわせな人たちにも、ぜひこの本を活用してもらいたい。人生を百八十度ちがう視点から見たら、よりしあわせになれるはずだ。そして十年後にこの本を読んだ人が、「そうか、十年前はみんなまだいろいろ縛られていたんだ。それに比べたらいまは、女性も住みやすいいい社会になった！」と言えるようになっていたらいいなと思う。

二〇〇五年十月

田嶋陽子

（＊1）「将来なりたいもの」（第一生命二〇〇四年「大人になったらなりたいもの」二〇〇五年四月発表）
（＊2）ジェンダー・ギャップ指数（民間研究機関「世界経済フォーラム」二〇〇五年発表）
（＊3）「生まれ変わっても、また女性に」（統計数理研究所二〇〇五年発表）
（＊4）（財）21世紀職業財団「企業の女性活用と経営業績との関係に関する調査」（二〇〇四年三月発表）
（＊5）21世紀職業財団の二〇〇三年調査（日本経済新聞二〇〇五年六月九日付朝刊）
（＊6）朝日新聞二〇〇五年四月七日付朝刊

わたしたちを幸せにするフェミニズム

山内マリコ

田嶋陽子さんは、討論バラエティ『ビートたけしのTVタックル』への出演で高い知名度を得た、日本を代表するフェミニストだ。時は一九九〇年代、平成がはじまったばかりのころ。フェミニストがどういう人なのか、フェミニズムがなんなのかまったく知らなかった当時のわたしも、この番組でのやりとりを面白おかしく見ているうちに、「フェミニスト＝田嶋陽子」と同義語のようにすり込まれていった。そしてそのイメージは、世間一般にも深く浸透した。

なにしろキャッチーな存在だったのだ。おかっぱヘアにメガネの組み合わせ、低く落ち着いた声できっぱりと物申し、相手があのビートたけしでも一歩も引かない。議論に熱くなっているときの険しい表情と同じくらい、「ガハハ」という擬音語がしっくりくるビッグスマイルも印象的だ。誰とも似ていない強いキャラクターは、テレビが絶大な影響力を持っていた時代、圧倒的な拡散力でもって日本中に広まった。その人気は、ＣＭやドラマ、映画にも抜擢《ばってき》されたほど。大学で英文学と女性学を教えるフェミニストが、テレビでタレントと互角の個性を発揮し、有名人の仲間入りをしたなんて、後にも先にも彼女のほかにいない。

そう考えると、今よりよっぽど進んだ時代だった気がしてくる。けれど、当時の田嶋陽子さんの発言をちゃんと理解し、なおかつ肯定的に受け取っていた人がどれだけいただろう。当時のわたしは、もちろん全然わかっていなかった。テレビという巨大な権威が示してくる正しさは、常にスタジオのマジョリティであるおじさんパネリストの側にあった。田嶋陽子さんはいつも、その一群と対立関係となるヒール（悪役）の役回り。女性であっても彼女を助ける人はおらず、男性と一緒になって嘲笑《あざわら》う。そんな、いじめにも似た構図として記憶に残っている。

愚かな大衆であるわたしはスタジオの空気に従順で、いくらでも乗せられて笑い、疑うことを知らなかった。それどころか、彼女が女性をかばったり、女性の味方をする発言をしても、その「女性」に自分もカウントされていることすら、自覚できていなかった。自分の頭で考えることを放棄し、テレビの手のひらの上でひたすら転がされ、その結果、いつも最後は「たけしがいいこと言ってたな」「さすがたけし」という後味だけが残った。そういう見せ方を、番組は一つの型のように作り上げていた。

こうして、わたしをはじめ視聴者の中に、フェミニストとイコールで結ばれた田嶋陽子さんは、どこかネガティブな存在として印象付けられることとなった。

二〇〇一年には参議院議員となり、気がつけばキー局の番組でその姿を見ることは少なくなっていたけれど、「フェミニストの名前を一人あげてください」と訊《き》いてまわれば、きっとほとんどの人が「田嶋陽子」と即答するだろう。そう、彼女は今も、日本一有名なフェミニストなのだ。

それなのに――。わたし自身がようやくフェミニズムに目覚め、女性学の本に興味を持つようになったとき、「よし、田嶋陽子の本を読んでみよう!」とは、不思議と思わなかった。自分が目覚めたフェミニズムというものと、田嶋陽子さんとの間には、なぜか大きな溝があった。フェミニズム関連の本を買い込み、古典も新刊もチェックしていたくせに、そこに田嶋陽子さんの本は入っていなかった。もっとおかしなことに、フェミニズムにまとわりついていたネガティブなイメージが自分の中で払拭《ふっしょく》されてもなお、田嶋陽子さんのイメージは昔のまま、依然ネガティブなのだった。それほどまでに彼女に対するスティグマ(烙印《らくいん》)は、あまりにも深くわたしの中に刻まれてしまっていたのだ。

でもだからこそ、彼女の著作を読んだとき、長年の誤解は一気に解けた。テレビで有名になり、嫌われ者の役割を押し付けられたことは、田嶋陽子という人の人生の中盤に、良くも悪くも突然起こったアクシデントのようなものだった。彼女は明晰《めいせき》な分析力を持つ研究好きの大学教授であり、恋愛経験によって生い立ちのトラウマを克服していった知性の人である。傷だらけになりながら、自分にひたすら正直に生きてきた人である。そんな嘘《うそ》のない人を、嫌いになんかなれない。田嶋陽子さんをテレビで見るようになってから、実に二十数年のタイムラグを経て、わたしは彼女のことが大好きになった。

きっかけはSNSだ。あるとき、田嶋陽子さんについてのツイートが目にとまったのだ。世間には「モテないフェミニスト」みたいに誤解されているけど、実はヨーロッパの貴族とも恋愛経験のある恋多き女だったこと、あのイメージはテレビによって作られただけ、本を読めばわかる、たしかそんなふうに書かれていた。それで、本を買ってみた。ほとんどが絶版になっていたので、古本で手に入れた。一読した映画批評集『ヒロインは、なぜ殺されるのか』（講談社＋α文庫）（単行本タイトル『フィルムの中の女』新水社）でさっそく度肝を抜かれた。女目線で観《み》ると違和感のある名作映画は多い。それをじっくり鋭く読み解いていくこの本は、三十年近く前に書かれたとは思えない斬新《ざんしん》な視点、男文化の権威にひるまず切り込んでいく清新な感性、なにより「今っぽい」センスを感じるものだった。そして興奮しながら次の一冊に手をのばした。それがこの、『愛という名の支配』だ。

『愛という名の支配』は、一九九二年に太郎次郎社から刊行されて以来、長く大事に売り継がれてきた。二〇〇五年に講談社から文庫化もされている。本書はその文庫版を復刊したものである。

単行本と文庫の内容は同じだが、一つだけ大きく違うところがある。単行本には、テレビに登場するようになった田嶋陽子さんの写真がふんだんに掲載されているのだ。講演中のさまざまな表情、それから、照れくさそうにお茶目なポーズを決めた写真も。そこには時代のど真ん中で追い風を一身に受けている一人の女性が、とても生き生きと映っていた。その姿は、女らしくしているわけでもなく、かといって男らしさを演じているわけでもない、ただあるがままに自分らしい、田嶋陽子という〝個〟だ。

彼女はどのようにしてその〝個〟を獲得していったのか。この本にはそれが、自らがたどってきた人生を明かし、痛みを告白しながら、どこまでも正直に、まっすぐに書かれている。幼少期の体験、母との関係を出発点に、一人の女性が自分としっかり向き合い、苦しみの根っこを見つけ出していった過程が描かれている。やさしい話し言葉と吟味された構成、大胆不敵なたとえ話をふんだんに用いながら、女性が差別される構造的な仕組みをわかりやすく解き明かし、その追及はモラルや社会規範、文化や美意識にまで及ぶ。田嶋フェミニズムの決定版。

わたしたちが〝女であるがゆえに受ける差別の構造〟は、空を覆《おお》う雲のようなものだ。実に自然に、当たり前にそこにある。だからそれがなんなのか、疑問を持つこと、おかしいんじゃないかと気づくこと自体が難しい。そして覚醒《かくせい》したら最後、世界中ありとあらゆる所に織り込まれた女性差別を意識せずにはいられなくなる。共通言語を得た同志とは、あうんの呼吸でわかり合える。それを前提にした女性学の本も多い。

だけどこの本がすごいのは、わかる人にだけ伝わればいいという、狭いスタンスにとどまっていないところだ。むしろ〝雲〟の存在に毛ほども気づいていない、それでいて女としての苦しみは存分に味わっている人にこそ向けられている。〈知ることはつらい。自分が差別されているなんて思いたくはない。（中略）まず知ること、それこそが、救われるための第一歩だと思う（p4）〉と、痛みをともなう読書体験になることを先に明かしつつ、知ること、向き合うことによって〈自信をつけて、ラクになって、人生を楽しんでほしい(p266)〉と締めくくる。こんなにあったかいフェミニズムの本は、ちょっとほかに見当たらない。

これは、自分を自分の力で、手探りで癒《い》やしてきた人の、体験に根ざした実地のフェミニズムだ。その分析のプロセスと探求の成果を、どうぞみんなも役立てて、そして幸せになってと、気前よくシェアしてくれる本だ。すべての女性に、別け隔てなく。読んだあと、ぎゅっと抱きしめたくなる本が稀《まれ》にあるけれど、これはそういう本だ。

以来わたしはあちこちで、会う人会う人に『愛という名の支配』をすすめまくる草の根運動をはじめた。「最近なにか面白い本ありました?」と訊かれれば、「田嶋陽子さんの本です!」と答えた。「え……、田嶋陽子?」と相手がネガティブな反応を示したら、その誤解をほぐしてまわった。いい反応もあれば、微妙な反応もあった。なかでもいちばん熱の入ったリアクションをくれたのは、作家仲間の柚木《ゆずき》麻子さんだった。それから、フェミニズム専門の出版社、エトセトラブックスを立ち上げたばかりの編集者、松尾亜紀子さんも。彼女が、フェミマガジン『エトセトラ vol.2』の責任編集をやりませんかと誘ってくれて、二〇一九年五月に発売され大変な評判を読んだ

『vol.1』の次号予告に、〈山内マリコ＆柚木麻子 責任編集 特集We Love 田嶋陽子！〉の文字が掲載された。

わたしたちが二〇代だったころ、フェミニズムはバックラッシュに遭っていた。物心ついてからずっと不況、就職氷河期に首まで浸《つ》かり、多くの若者が社会の入り口でピシャリとシャッターを下ろされ立ち往生した。そしてじわじわと世の中は保守化していった。自己実現を人生のテーマに掲げながら、どこにも進めないでいるわたしたちを反面教師にしてか、気がつけば下の世代の女の子たちは、専業主婦にあこがれを抱くようになっていた。それも仕方ない。だって自立を目指そうにも、非正規雇用では貧困まっしぐら。二〇世紀の女性たちがこじ開けた未来が、二一世紀に入ったとたん、ぐるりと一周して押し戻されようとしている。わたしがフェミニズムに目覚めたのは、そういうタイミングだった。

フェミニズムを知ると、女性たちはつながっていることがわかる。ただ女性であるというだけで、わたしたちはみんな姉妹だ。そして感動的なのは、縦糸のつながりを実感した瞬間。明治、大正、昭和、平成、それぞれの時代を生きた、会ったことのない女性たち。差別と闘ってきた女性たち。彼女たちがいばらを刈り、一歩一歩踏み固めて作った道の上に、わたしたちの今がある。そのことを知った以上、わたしは、誰かがこしらえてくれた権利に、あぐらをかくだけのずるい人間にはなりたくない。

取材を進める中でお会いした田嶋陽子さんは、七〇代の今も読売テレビ系列の討論バラエティに出演するバリバリの現役であり、シャンソン歌手として、また書アートのジャンルで、元気いっぱいに自分を発揮され、多忙な日々を送っていらっしゃった。決して偉ぶらず、裏表なく、ユーモアたっぷりにお話ししてくださる陽性のパワーの持ち主だ。話し上手で聞き上手、凝り固まったところがまるでなく、若輩者のわれわれが使う単語に知らないものがあると、「それ何て意味？」と素直に質問される。精神の若さは外見にも表れ、しゃっきりと姿勢良く足取りは快活で、カラフルな服がよく似合い、存在に華がある。ひと言でいうと、気持ちのいい人だった。こんな素敵な人を、世間は今も誤解したままだなんて……。

その誤解を、ようやく解くときが来たのだ。

日本一有名なフェミニストでありながら過小評価されて久しい田嶋陽子という人を、二〇一九年の価値観で捉え直したら、なにが見えてくるだろうか。

新潮文庫から本書が復刊されることは、これ以上ない喜びだ。この名著が、この機会に、一人でも多くの人に読まれますように。彼女のメッセージが届きますように。

そして読者一人一人の中で、田嶋陽子さんのイメージが刷新され、アップデートされ、ポジティブなものに変わることを願ってやまない。彼女の名誉のために。でもそれだけじゃない。このスーパーポップなフェミ・アイコンを正しく再評価することは、ネガティブなものという呪《のろ》いからフェミニズムそのものまでを解き放ち、日本の女性全員を祝福するものになると思うから。そうに違いないから。

（令和元年八月、作家）

本書は、一九九二年十月太郎次郎社より刊行された後、
二〇〇五年十二月講談社+α文庫より刊行された。

阿川佐和子著
残るは食欲
季節外れのローストチキン。深夜に食すホヤ。とりあえずのビール……。食欲全開、今日も幸せ。食欲こそが人生だ。極上の食エッセイ。

柚木麻子著
本屋さんのダイアナ
私の名は、大穴《ダイアナ》。最悪な名前も金髪もはしばみ色の瞳も大嫌いだった。あの子に出会うまでは。最強のガール・ミーツ・ガール小説！

彩瀬まる著
あのひとは蜘蛛を潰せない
28歳。恋をし、実家を出た。母の〝正しさ〟からも、離れたい。「かわいそう」を抱えて生きる人々の、狡さも弱さも余さず描く物語。

朱野帰子著
わたし、定時で帰ります。
絶対に定時で帰ると心に決めた会社員が、部下を潰すブラック上司に反旗を翻す！ 働き方に悩むすべての人に捧げる痛快お仕事小説。

住野よる著
か「」く「」し「」ご「」と「
5人の男女、それぞれの秘密。知っているようで知らない、お互いの想い。『君の膵臓をたべたい』著者が贈る共感必至の青春群像劇。

吉川トリコ著
マリー・アントワネットの日記（Rose/Bleu）
男ウケ？ モテ？ 何それ美味しいの？ 時代も国も身分も違う彼女に、共感が止まらない！ 世界中から嫌われた王妃の真実の声。

有吉佐和子著

悪女について

醜聞にまみれて死んだ美貌の女実業家富小路公子。男社会を逆手にとって、しかも男たちを魅了しながら豪奢に悪を愉しんだ女の一生。

瀬尾まいこ著

あと少し、もう少し

頼りない顧問のもと、寄せ集めのメンバーがぶつかり合いながら挑む中学最後の駅伝大会。襷が繋いだ想いに、感涙必至の傑作青春小説。

瀬尾まいこ著

君が夏を走らせる

金髪少年・大田は、先輩の頼みで鈴香（一歳）の子守をする羽目になり、退屈な夏休みが急転！ 温かい涙あふれるひと夏の奮闘記。

江國香織著

ちょうちんそで

雛子は「架空の妹」と生きる。隣人も息子も「現実の妹」も、遠ざけて——。それぞれの謎が播かれ、織り成される、記憶と愛の物語。

須賀しのぶ著

夏の祈りは

文武両道の県立高校の野球部を舞台に、それぞれの夏を生きる高校生たちの汗と泥の世界を繊細な感覚で紡ぎだす、青春小説の傑作！

小川洋子著

薬指の標本

標本室で働くわたしが、彼にプレゼントされた靴はあまりにもぴったりで……。恋愛の痛みと恍惚を透明感漂う文章で描く珠玉の二篇。

川上弘美著
センセイの鞄
谷崎潤一郎賞受賞

独り暮らしのツキコさんと年の離れたセンセイの、あわあわと、色濃く流れる日々。あらゆる世代の共感を呼んだ川上文学の代表作。

角田光代著
笹の舟で海をわたる

不思議な再会をした昔の疎開仲間は、義妹となり時代の寵児となった。その眩さに平凡な主婦の心は揺れる。戦後日本を捉えた感動作。

金原ひとみ著
マザーズ
ドゥマゴ文学賞受賞

同じ保育園に子どもを預ける三人の女たち。追い詰められる子育て、夫とのセックス、将来への不安……女性性の混沌に迫る話題作。

川上未映子著
あこがれ
渡辺淳一文学賞受賞

水色のまぶた、見知らぬ姉——。元気娘ヘガティーと気弱な麦彦は、互いのあこがれのために駆ける！ 幼い友情が世界を照らす物語。

垣谷美雨著
うちの子が結婚しないので

老後の心配より先に、私たちにはやることがある——さがせ、娘の結婚相手！ 社会派エンタメ小説の旗手が描く親婚活サバイバル！

窪 美澄著
よるのふくらみ

幼なじみの兄弟に愛される一人の女、もどかしい三角関係の行方は。熱を孕んだ身体と断ち切れない想いが溶け合う究極の恋愛小説。

佐野洋子著　シズコさん

私はずっと母さんが嫌いだった。幼い頃からの母との愛憎、呆けた母との思いがけない和解。切なくて複雑な、母と娘の本当の物語。

佐藤多佳子著　明るい夜に出かけて
山本周五郎賞受賞

深夜ラジオ、コンビニバイト、人に言えないトラブル……夜の中で彷徨う若者たちの孤独と繋がりを暖かく描いた、青春小説の傑作！

篠田節子著　長女たち

恋人もキャリアも失った。母のせいで――。認知症、介護離職、孤独な世話。我慢強い長女たちの叫びが圧倒的な共感を呼んだ傑作！

島本理生著　大きな熊が来る前に、おやすみ。

彼との暮らしは、転覆するかも知れない船に乗っているかのよう――。恋をすることで知る心の闇を丁寧に描く、三つの恋愛小説。

重松清著　カレーライス
―教室で出会った重松清―

いつまでも忘れられない、あの日授業で読んだ物語――。教科書や問題集に掲載された名作九編を収録。言葉と心を育てた作品集。

瀬尾まいこ著　卵の緒
坊っちゃん文学賞受賞

僕は捨て子だ。それでも母さんは誰より僕を愛してくれる――。親子の確かな絆を描く表題作など二篇。著者の瑞々しいデビュー作！

田辺聖子著

孤独な夜のココア

心の奥にそっとしまわれた甘苦い恋の記憶を、柔らかに描いた12篇。時を超えて読み継がれる、恋のエッセンスが詰まった珠玉の作品集。

田中兆子著

甘いお菓子は食べません

頼む、僕はもうセックスしたくないんだ。仲の良い夫に突然告げられた武子。中途半端な〈40代〉をもがきながら生きる、鮮烈な六編。

阿川佐和子・角田光代・沢村凜・柴田よしき・谷村志穂・乃南アサ・松尾由美・三浦しをん著

最後の恋
―つまり、自分史上最高の恋。―

8人の女性作家が繰り広げる「最後の恋」をテーマにした競演。経験してきたすべての恋を肯定したくなるような珠玉のアンソロジー。

辻村深月著

盲目的な恋と友情

まだ恋を知らない、大学生の蘭花と留利絵。やがて蘭花に最愛の人ができたとき、留利絵は。男女の、そして女友達の妄執を描く長編。

津村記久子著

この世にたやすい仕事はない
芸術選奨新人賞受賞

前職で燃え尽きたわたしが見た、心震わすニッチでマニアックな仕事たち。すべての働く人の今を励ます、笑えて泣けるお仕事小説。

乃南アサ著

水曜日の凱歌
芸術選奨文部科学大臣賞受賞

特殊慰安施設で通訳として働く母とともに各地を転々とする14歳の少女。誰も知らなかった戦後秘史。新たな代表作となる長編小説。

有働由美子著

ウドウロク

五〇歳を目前に下した人生最大の決断。その真相と本心を初めて自ら明かす。わき汗から失恋まで人気アナが赤裸々に綴ったエッセイ。

さくらももこ著

そういうふうにできている

ちびまる子ちゃん妊娠!? お腹の中には宇宙生命体=コジコジが!?期待に違わぬスッタモンダの産前産後を完全実況、大笑い保証付!

最相葉月著

絶対音感

小学館ノンフィクション大賞受賞

それは天才音楽家に必須の能力なのか? 音楽を志す誰もが欲しがるその能力の謎を探り、音楽の本質に迫るノンフィクション。

最相葉月著

セラピスト

心の病はどのように治るのか。河合隼雄と中井久夫、二つの巨星を見つめ、治療のあり方に迫る。現代人必読の傑作ドキュメンタリー。

渡辺都著

お茶の味

—京都寺町一保堂茶舗—

旬の食材、四季の草花、季節ごとのお祭りやお祝い。京都の老舗茶商「一保堂」女将が綴る、お茶とともにある暮らしのエッセイ。

越谷オサム著

陽だまりの彼女

彼女がついた、一世一代の嘘。その意味を知ったとき、恋は前代未聞のハッピーエンドへ走り始める——必死で愛しい13年間の恋物語。

新潮文庫の新刊

國分功一郎著
中動態の世界
―意志と責任の考古学―
紀伊國屋じんぶん大賞・小林秀雄賞受賞

能動でも受動でもない歴史から姿を消した"中動態"に注目し、人間の不自由さを見つめ、本当の自由を求める新たな時代の哲学書。

C・ハイムズ
田村義進訳
逃げろ逃げろ逃げろ！

追いかける狂気の警官、逃げる夜間清掃員の若者――。NYの街中をノンストップで疾走する、極上のブラック・パルプ・ノワール！

W・ムアワッド
大林薫訳
灼熱の魂

戦争と因習、そして運命に弄ばれた女性の壮絶なる生涯が静かに明かされていく。現代のシェイクスピアが紡ぎあげた慟哭の黙示録。

ヘミングウェイ
高見浩訳
河を渡って木立の中へ

戦争の傷を抱える男と、彼を癒そうとする若い貴族の娘。終戦直後のヴェネツィアを舞台に著者自身を投影して描く、愛と死の物語。

P・マーゴリン
加賀山卓朗訳
銃を持つ花嫁

婚礼当夜に新郎を射殺したのは新婦だったのか？ 真相は一枚の写真に……。法廷スリラーの巨匠が描くベストセラー・サスペンス！

午鳥志季著
このクリニックはつぶれます！
―医療コンサル高柴一香の診断―

医師免許を持つ異色の医療コンサル高柴一香とお人好し開業医のバディが、倒産寸前のクリニックを立て直す。医療お仕事エンタメ。

新潮文庫の新刊

ガルシア=マルケス
鼓 直訳
族長の秋
何百年も国家に君臨し、誰も顔を見たことのない残虐な大統領が死んだ――。権力の実相をグロテスクに描き尽くした長編第二作。

葉真中 顕著
灼熱
渡辺淳一文学賞受賞
「日本は戦争に勝った！」第二次大戦後、ブラジルの日本人たちの間で流血の抗争が起きた。分断と憎悪そして殺人、圧巻の群像劇。

長浦 京著
プリンシパル
悪女か、獣物か――。敗戦直後の東京で、極道組織の組長代行となった一人娘が、策謀渦巻く闇に舞う。超弩級ピカレスク・ロマン。

O・ドーナト
鹿田昌美訳
母親になって後悔してる
子どもを愛している。けれど母ではない人生を願う。存在しないものとされてきた思いを丁寧に掬い、世界各国で大反響を呼んだ一冊。

東崎惟子著
美澄真白の正なる殺人
『竜殺しのブリュンヒルド』で「このラノ」総合2位の電撃文庫期待の若手が放つ、慟哭の学園百合×猟奇ホラーサスペンス！

R・リテル
北村太郎訳
アマチュア
テロリストに婚約者を殺されたCIAの暗号作成及び解読係のチャーリー・ヘラーは、復讐を心に誓いアマチュア暗殺者へと変貌する。

愛《あい》という名《な》の支配《しはい》

新潮文庫　た－128－1

令和元年十一月一日発行
令和七年四月五日三刷

著者　田《た》嶋《じま》陽《よう》子《こ》
発行者　佐藤隆信
発行所　株式会社新潮社
郵便番号　一六二－八七一一
東京都新宿区矢来町七一
電話　編集部(〇三)三二六六－五四四〇
　　　読者係(〇三)三二六六－五一一一
https://www.shinchosha.co.jp

価格はカバーに表示してあります。

乱丁・落丁本は、ご面倒ですが小社読者係宛ご送付ください。送料小社負担にてお取替えいたします。

印刷・三晃印刷株式会社　製本・株式会社植木製本所

ISBN978-4-10-101651-1 C0195